Ingola Martelly
Gerd Nicolas

la correspondance commerciale en allemand

8, rue Férou 75006 Paris BELIN

L'ALLEMAND ÉCONOMIQUE ET COMMERCIAL

ISBN 2-7011-**1732**-1

PRÉFACE

La présente méthode initie les étudiants à la correspondance commerciale en allemand et leur permet de communiquer très rapidement avec des clients et des fournisseurs. Son originalité consiste à faire cheminer l'étudiant par de petites étapes et à l'aide d'une importante batterie d'exercices, de la simple compréhension de quelques lettres-types à la rédaction de lettres d'une certaine complexité.

Dans le choix des lettres, l'accent a été mis sur les domaines les plus utiles à tous les étudiants susceptibles de prendre une part active dans les relations commerciales entre la France et les pays de langue allemande. Cette méthode s'adresse aux élèves des lycées techniques, des lycées d'enseignement professionnel, des cours de secrétariat, des classes de B.T.S., des écoles supérieures de commerce, aux étudiants des I.U.T. et des universités (plus particulièrement dans les sections de L.E.A.), ainsi qu'à tous ceux qui, dans le cadre de la formation professionnelle continue, doivent apprendre à rédiger des lettres commerciales en allemand. Elle prépare également à certains concours et examens, notamment à l'examen de la Chambre de Commerce Franco-Allemande.

Pour pouvoir suivre avec profit la progression de la méthode, il est souhaitable de posséder, au départ, de bonnes connaissances de base de la langue allemande, correspondant à 250 heures d'enseignement environ.

Composition de l'ouvrage

Le premier chapitre est consacré à la présentation matérielle de la lettre commerciale
Les quatre chapitres suivants, de longueur inégale, contiennent les différents types de lettres rédigées dans les services commerciaux d'une entreprise, ainsi que des lettres de candidature à des stages d'entreprise.
Les chapitres 2 à 5 suivent la même progression et s'articulent ainsi :

Rubriques

A Juxtaposition d'un texte français et d'un texte allemand traitant le même sujet.
Ces textes introduisent le thème du chapitre et fixent en quelque sorte le cadre dans lequel les lettres suivantes se situeront. Il s'agit le plus souvent de textes de nature juridique, donc difficiles, et dont le rôle principal est de sensibiliser les élèves à certains mots clés (et non phrases) repris par la suite.
Dans les chapitres 2 et 3, ces textes sont suivis de tableaux présentant de façon synoptique les structures des différents types de lettres et l'enchaînement possible de ces lettres entre elles.

B Lettres types, choisies à la fois en fonction de leur représentativité et de la diversité de leur vocabulaire. Certaines d'entre elles proviennent de divers manuels en usage en R.F.A. ou dans l'enseignement de l'allemand langue étrangère, elles ont été partiellement remaniées pour la circonstance.

C Exercices consistant à rechercher dans ces lettres types les différentes formules utilisées pour réaliser certains actes langagiers.

D Schématisation de ces formules et élargissement systématique de vocabulaire pour les compléments possibles dans le contexte donné. Exercices d'application.

E Questions à choix multiple.
Elles ont une double fonction : permettre à l'étudiant de s'assurer qu'il maîtrise bien les principales difficultés sémantiques et morphosyntaxiques traitées dans les rubriques précédentes, et introduire des expressions et des structures nouvelles. (Il est donc préférable de les donner comme devoirs à faire, avec un dictionnaire, plutôt que comme tests en classe).

F Lettres présentées sous une forme inhabituelle — et incorrecte : absence de paragraphes, de ponctuation et de majuscules ; absence d'espaces entre les mots ; fautes de vocabulaire et de logique ; éléments de lettres présentés dans le désordre. L'étudiant doit les corriger.

G Lettres d'entreprises allemandes donnant lieu à deux exercices bien distincts : noter l'essentiel du contenu en français, et ensuite rédiger une réponse en se conformant aux annotations — également en français — portées sur la lettre en question.

H Annonces et documents divers servant de point de départ à la rédaction de lettres.

I Exercices de rédaction dirigée ou libre.
Cette méthode nécessite l'intervention d'un professeur, mais elle est conçue de manière à permettre à l'étudiant de faire le maximum de travail en dehors des heures de cours. Toutefois, différents types d'exercices se prêtent également à un travail en groupe. La méthode permet un enseignement sur une année scolaire à raison de deux à trois heures de cours par semaine.

Les auteurs remercient les entreprises qui leur ont fourni des lettres et des documents originaux ainsi que les maisons d'édition qui les ont autorisés à reproduire certains textes.

SOMMAIRE

CHAPITRE 1

Présentation matérielle de la lettre commerciale

Die äußere Form des deutschen Geschäftsbriefs

PRÉSENTATION MATÉRIELLE DE LA LETTRE COMMERCIALE
DIE ÄUSSERE FORM DES DEUTSCHEN GESCHÄFTSBRIEFS

En Allemagne, la présentation de la lettre commerciale est réglée par la norme "DIN 5008".

Geschäftsbrief (Vordruck nach DIN 676)

KRÜGER & CO.

1 HAUS FÜR NEUZEITLICHE BÜRO-ORGANISATION

MÖNCHENGLADBACH

Krüger & Co. Postdamer Str. 36 41199 Mönchengladbach

Textilgroßhandlung
2 Hans Kaufmann
Kölner Straße 55

41199 Mönchengladbach

4

3 Ihre Zeichen, Ihre Nachricht vom | Unsere Zeichen, unsere Nachricht vom | MÖNCHENGLADBACH
I. M/G | 15. März 19…

5 Betreff
Neuzeitliche Bürogestaltung 6

7 Sehr geehrter Herr Kaufmann!

Leistungssteigerung durch Rationalisierung! Diese Forderung der Gegenwart gilt für den Fertigungsgang in Fabriken und Werkstätten; sie wird in gleichem Maße erhoben für die Arbeit im Büro.

Was zu einem zweckmäßig und neuzeitlich ausgestatteten Büro gehört, wie es nach den Grundsätzen der Rationalisierung zu gestalten oder zu vervollkommnen ist, sagt Ihnen eindrucksvoll unser

neuer Katalog.

Bitte, schenken Sie ihm Ihre Aufmerksamkeit!

Noch anschaulicher und überzeugender als Wort und Bild ist unsere Ausstellung

"Das Büro der Gegenwart",

die wir in unserem Hause aufgebaut haben.

Dürfen wir Sie zu einem Besuch erwarten? Es würde uns eine Freude sein, Sie zu führen und eingehend zu beraten.

8 Mit freundlichen Grüßen

Krüger & Co.

9 ppa.
Müller *Müller*

10 Anlage
Katalog

11 Telefon : (02161) 94381 | Telefax : (02161) 94327 | Geschäftszeit 8 - 17 Uhr | Kontoverbindungen Rhein-Ruhr-Bank AG, Mönchengladbach

Braun/Preiß/Pflips, *Der kaufmännische Schriftverkehr*, Merkur Verlag

1 L'en-tête (der Briefkopf) comprend le nom de l'expéditeur ou la raison sociale, l'adresse complète, et éventuellement des renseignements complémentaires.

2 Le nom et l'adresse du destinataire (Name und Anschrift des Empfängers).

a) A un particulier, on écrira :

Herrn Hans Meier	Frau Liselotte Fuchs

Les titres universitaires font partie du nom et figurent sur la même ligne que celui-ci ; la profession et la fonction sont placées, elles, sur la même ligne que l'appellation "Herrn" ou "Frau".

Herrn Rechtsanwalt Dr. Fritz Müller	Frau Dr. med. Brigitte Schmidt
Herrn Dipl.-Ing. Uwe Schulz	Herrn Ministerialrat Dr. Peter Schwarz

b) A une entreprise, on écrira :

Firma Hans Müller	Textilgroßhandlung Hans Kaufmann
Leinenweberei Vossen GmbH	Mannesmann AG

On indique souvent le nom de la personne à qui la lettre est plus particulièrement destinée, ou le service concerné :

Mannesmann AG Personalabteilung z. Hd. Frau Dr. H. Müller	Leinenweberei Vossen GmbH

c) Rue, numéro, pays, code postal, localité
(Straße, Hausnummer, Bestimmungsland, Postleitzahl, Ort)

Mannesmann AG Personalabteilung Am Rheinufer 8 D-40489 Düsseldorf	Leinenweberei Vossen GmbH z. Hd. Frau Dr. H. Müller Goethestr. 133 D-80336 München

d) Les indications particulières pour le service postal sont placées au-dessus de l'adresse.

(mit) Luftpost	par avion
(durch) Eilboten	exprès, par porteur spécial
Einschreiben	recommandé
(gegen) Nachnahme	contre remboursement
Bitte nachsenden	faire suivre, svp.

Mit Luftpost

Mannesmann AG
Personalabteilung
Am Rheinufer 8

D-40489 Düsseldorf

3 Les références *(die Bezugszeichen)*

Ihre Zeichen	Ihre Nachricht (vom)	Unsere Zeichen (vom)	Unsere Nachricht
Ihre Zeichen	Ihr Schreiben (vom)	Unsere Zeichen	Unser Schreiben (vom)

4 La date *(das Datum)*

Il y a plusieurs manières d'écrire la date :

Stuttgart, den 22.10.19...

Hamburg, den 15. März 19...

Stuttgart
22. September 19..

Hamburg
15. März 19..

Les noms des mois peuvent être abrégés comme suit :
Jan., Febr., Apr., Aug., Sept., Okt., Nov., Dez.

5 L'objet *(der Betreff)*

Betreff: Anfrage

Betreff
Anfrage

Betr.: Anfrage

Betr.
Anfrage

Anfrage

6 Indications particulières *(Behandlungsvermerke)*

Persönlich	Personnel
Vertraulich	Confidentiel
Streng vertraulich	Strictement confidentiel
Eilt	Urgent

7 L'appellation *(die Anrede)*

Sehr geehrte Damen und Herren,	Messieurs,
Sehr geehrter Herr Direktor,	Monsieur le Directeur,
Sehr geehrte Frau Karman,	Madame,
Sehr geehrter Herr Dr. Müller	Monsieur,
Lieber Herr Huber,	Cher Monsieur
Liebe Frau Wagner,	Chère Madame,

(Si l'on fait suivre l'appellation d'un point d'exclamation, le texte de la lettre commencera par une majuscule.)

8 La formule de politesse *(die Grußformel)*

Mit vorzüglicher Hochachtung	... sentiments respectueux
Hochachtungsvoll Mit freundlichen Grüßen Mit freundlichem Gruß	... salutations distinguées

Mit besten Empfehlungen	... meilleures salutations
Mit besten Grüßen Mit bestem Gruß	... sentiments les meilleurs

Si les formules de politesse telles que "Hochachtungsvoll", "Mit freundlichen Grüßen", "Mit freundlichem Gruß" conviennent toutes parfaitement pour la correspondance commerciale usuelle, il faut cependant noter que la formule "Mit freundlichen Grüßen" tend à se généraliser.

9 La signature (die Unterschrift)

ppa. pp	(per procura)	précèdent la signature d'un fondé de pouvoir
i. V. i. A.	(in Vollmacht) (im Auftrag)	précèdent la signature d'un employé

10 Pièces jointes (der Anlagevermerk)

Anlagen	Anlage	2 Anlagen
Katalog Preisliste	Katalog	

11 En bas de lettre (der Brieffuß)

Eventuellement, indications complémentaires (heures de bureau, adresse télégraphique, numéros de comptes bancaires, représentants à l'étranger, etc.)

EXERCICES

1. ***Les adresses suivantes comportent une ou plusieurs erreurs dans la présentation. Réécrivez-les correctement.***

a) Großhandlung
Firma Erich Möller
13, Grafenstr.
D-89073 Ulm

b) z. Hd. Liesel Klein
Wäscherei Schmittmann

D-50667 Köln
Goldschmiedgasse 12

c) Firma Kaffee Weiß
63, Milchstr.

D-81667 München

Einkaufsabteilung

d) Personalabteilung
Herrn Schwarz
in Firma Meier
Parkgürtel 27

D-20144 Hamburg

e) Firma Hela-Werke
Exportabteilung
Einschreiben
An der Weser 26

D-28195 Bremen

f) Firma
Hans Meierlich
40, Herrenallee

Dresden

2. ***Corrigez la présentation des dates.***

a) 27 Mai 19..

....

b) 13 Nove 19..

....

c) Leipzig, den 11.11.19..

....

d) 10te Juli 19..

....

e) Ulm, am 5.8.19..

....

f) 08 03 19..

....

g) Bordeaux, den 23. Sept 19..

....

h) 1er April 19..

....

3. ***Lisez les remarques suivantes et corrigez a-o si nécessaire (en ajoutant éventuellement un nom propre).***

Vous écrivez à :	L'appellation sera :
Dr. med. Anneliese Meier	Sehr geehrte Frau Dr. Meier,
Dipl.-Ing. Hans Schmitz	Sehr geehrter Herr Schmitz,

Les titres universitaires autres que Dr. et Prof. ne seront pas repris dans l'appellation.

a) Sehr geehrter Herr Weber,

....

b) Liebe Damen!

....

c) Mein lieber Herr Dr.,

....

d) Herren,

....

e) Lieber Herr Schulz,

....

f) Meine Damen, meine Fräulein, meine Herren,

....

g) Sehr geehrte Frau Dr. Huber!

....

h) Sehr geehrter Herr,

....

i) Liebe Frau Dr. Hartmann,

....

j) Sehr geehrtes Fräulein,

....

k) Sehr geehrte Damen und Herren!

....

l) Sehr geehrter Herr Dipl.-Kfm.

....

m) Herr Müller,

....

n) Sehr geehrte Frau Dr. vet. Wegener,

....

o) Sehr geehrter Herr Dr. Geschäftsführer,

....

4. *Traduisez.*

Les termes allemands correspondants sont indiqués ci-après, mais ils ne sont pas dans le bon ordre.

a) A l'attention de ....

b) Confidentiel ....

c) Contre remboursement ....

d) Faire suivre svp. ....

e) Par avion ....

f) Exprès ....

g) Personnel ....

h) Recommandé ....

i) Strictement confidentiel ....

1) gegen Nachnahme	*6) Mit Luftpost*
2) Vertraulich	*7) z. Hd.*
3) Durch Eilboten	*8) Persönlich*
4) Streng vertraulich	*9) Einschreiben*
5) Bitte nachsenden	

5. ***Les éléments suivants proviennent de deux lettres distinctes. Reconstituez les deux lettres.***

Verlagshaus Schmidt & Co.
Abt. Vertrieb
Heinrich-Heine-Allee 122

D-40213 Düsseldorf

Maschinenfabrik
Herbert Leitner GmbH & Co. KG
An der Isar 85

81929 München

Paris, den 28.11.19..

Ihre Bestellung vom 15.10.19..

Lieber Herr Weber,

Unsere Bestellung vom 17.10.19..

Hannover, den 20.11.19..

Sehr geehrte Damen und Herren!

Mit freundlichen Grüßen

Librairie Franco-Allemande de Paris
Henri Moillard

Klein & Co.
i. V. Peter Dettner
Verkaufsleiter

Hochachtungsvoll

wir müssen Ihnen leider mitteilen, daß wir die Maschinenteile nicht wie vereinbart am 25.11. liefern können, sondern erst am 01.12.

Wir hoffen auf Ihr Verständnis.

Leider sind die am 17.10.19.. bestellten Bücher bisher immer noch nicht eingetroffen.
Wann können wir mit der Lieferung rechnen?

Librairie Franco-Allemande de Paris
110, bd. St.-Germain 75006 Paris

Klein & Co.
Braunschweiger Str. 127-129, 30173 Hannover

6. ***Vous répondez à la lettre suivante. Écrivez l'adresse, les références, la date, l'objet, l'appellation, la formule de politesse et la signature.***

Helmut Wagner
& Sohn
Textilwarenfabrik

Helmut Wagner & Sohn Leipziger Str. 256. 34123 Kassel

Schrader & Lehmann
Einkaufsabteilung
Max-Richter-Str. 95
•
06120 Halle
•
•

Ihre Zeichen, Ihre Nachricht vom	Unsere Zeichen	☎ (0561) 8243-1 Durchwahl 8243-	Kassel
fr-b1, 02.03.19..	L-Hf	52	6. März 19..

Betreff
Angebot über Strickjacken
•
•
Sehr geehrte Damen und Herren!
•
xxxxxxxxxx xxxxxxxxxxxxx xxx xxxxx xxxxxxxxxxxxxxx xxx xxxxxx xxxxxxxxxxx.
•
xxxxxxx xxxxxxx xxxxxxxxxxxx xxxx xxxxx xxxxxxx xxxxxxxxxx xxxxxxxxxxx xxx.
•
• xxxxxxxxxxxxxxxxxx xxxxxx.
•
xxxxxxx xxxxxxxxxxx xx xxxxxxxxxxx xxxx xxxxxxxxx xxxxxxxxxxxxxxxxxxxxxx xxx xxxxx xxxxx xxxxxx xxxxxxxxxxxxxx xxxxxxx.
•
Mit freundlichen Grüßen
•
Helmut Wagner & Sohn
ppa.
•
• Funke
•
Peter Funke
•
2 Anlagen

Geschäftsräume | Telex | Telefax | Kontoverbindungen Bank | Postscheckamt

Gladigau/Thiel, *Gutes Deutsch, gute Briefe*, Westermann Verlag.

CHAPITRE 2

Préparation et conclusion des marchés

- Demande d'offre
- Offre
- Commande
- Accusé de réception d'une commande

Anbahnung und Abschluß des Kaufvertrags

- Anfrage
- Angebot
- Bestellung
- Auftragsbestätigung

A1 CONDITIONS GÉNÉRALES DE VENTE

(extraits)

Soulignez dans le texte allemand les passages qui vous paraissent correspondre à ceux qui sont soulignés dans le texte français.

Toute commande implique l'adhésion sans réserve aux présentes conditions générales. Celles-ci ne sauraient être modifiées, même par des clauses contraires figurant éventuellement sur les bons de commande ou dans les conditions générales d'achat du client.

Nos conditions générales de vente seront considérées comme acceptées au plus tard lors de la réception des marchandises.

Les commandes et marchés négociés par nos représentants sont soumis à acceptation et confirmation écrite de notre société.

Prix et conditions de paiement

Nos prix s'entendent hors taxes, départ notre usine de Lille, frais d'emballage en sus.

A défaut de stipulations contraires dans les contrats, les conditions de paiement suivantes seront applicables :

- 1/3 à la commande ;
- 1/3 en cours d'exécution ;
- le solde à la mise à disposition du matériel, même en cas de non enlèvement.

Les règlements sont effectués au domicile du vendeur, nets et sans escompte.

Emballages

Nos emballages sont facturés au prix de revient et repris aux deux tiers de leur valeur, à condition qu'ils nous soient restitués en bon état, franco de port.

Livraison

Nos livraisons sont effectuées aux risques et périls de l'acheteur, à qui il appartient de vérifier la marchandise à l'arrivée et d'exercer le cas échéant un recours contre le transporteur.

Sauf stipulation contraire, nos délais de livraison sont toujours donnés à titre indicatif et n'engagent pas notre responsabilité.

En tout état de cause, les délais contractuels seront prolongés en cas d'arrêt total ou partiel de nos ateliers pour grève, difficultés de transport, accidents de fabrication, manque de matières premières par suite de carence de nos fournisseurs, ou toute autre cause considérée comme cas de force majeure.

Réserve de propriété

Le vendeur conserve la propriété des biens vendus jusqu'au paiement effectif de l'intégralité du prix.

ALLGEMEINE GESCHÄFTSBEDINGUNGEN

(Auszüge)

Der Besteller erkennt mit der Auftragserteilung die nachstehenden Bedingungen an. Abweichungen hiervon bedürfen unserer ausdrücklichen Bestätigung. Dies gilt auch dann, wenn Besteller unter Bezugnahme auf Einkaufsbedingungen bestellen; die Annahme unserer Lieferung gilt in diesem Fall als Zustimmung zu unseren Lieferbedingungen.

Unsere Vertreter sind nicht ermächtigt, Vereinbarungen zu treffen, die von den vorliegenden Bedingungen abweichen.

Preise und Zahlungsbedingungen

Unsere Preise gelten ab Werk ausschließlich Verpackung und evtl. Versicherung.

Wenn vertraglich nichts anderes vereinbart wurde, gelten die folgenden Zahlungsbedingungen :

40 % der Netto-Vertragssumme bei Auftragserteilung, der Restbetrag bei Lieferung oder am 14. Tag nach Mitteilung der Versandbereitschaft.

Alle Zahlungen sind bar und ohne jeden Abzug auf eines unserer Bank- oder Postscheckkonten zu leisten.

Verpackung

Verpackungsmaterial wird zum Selbstkostenpreis berechnet. Bei Rücksendung in einwandfreiem Zustand innerhalb von 4 Wochen nach Eingang der Lieferung werden dem Besteller 2/3 des für die Verpackung berechneten Betrages gutgeschrieben.

Lieferung

Die Lieferung erfolgt auf Rechnung und Gefahr des Bestellers. Der Empfänger hat die Ware bei Ankunft sofort in Gegenwart des Frachtführers oder seines Beauftragten auf etwaige Beschädigungen zu überprüfen und diesem gegenüber Schadenersatzansprüche direkt geltend zu machen.

Die Angabe von Lieferterminen und Lieferfristen erfolgt stets unverbindlich, es sei denn, daß sie ausdrücklich als fest vereinbart wurden.

Ereignisse höherer Gewalt berechtigen uns, die Lieferung um die Dauer der Behinderungen hinauszuschieben. Der höheren Gewalt stehen Streik, Aussperrung und sonstige Umstände gleich, die uns die Lieferung wesentlich erschweren oder unmöglich machen, und zwar einerlei, ob sie bei uns, einem Vorlieferanten oder an anderer Stelle eintreten.

Eigentumsvorbehalt

Die gelieferte Ware bleibt bis zur vollen Bezahlung unser Eigentum.

A2

Remplissez les cases en fonction des termes soulignés ci-contre.

Der Käufer richtet eine Anfrage an den Verkäufer.

Der Verkäufer unterbreitet dem Käufer ein Angebot.

Der Käufer gibt eine Bestellung auf.
Der Käufer erteilt einen Auftrag.

Der Verkäufer bestätigt den Auftrag.

Der Verkäufer sendet dem Käufer die Lieferanzeige, den Lieferschein und die Rechnung.

Der Verkäufer liefert die Ware. — Der Käufer leistet die Zahlung.

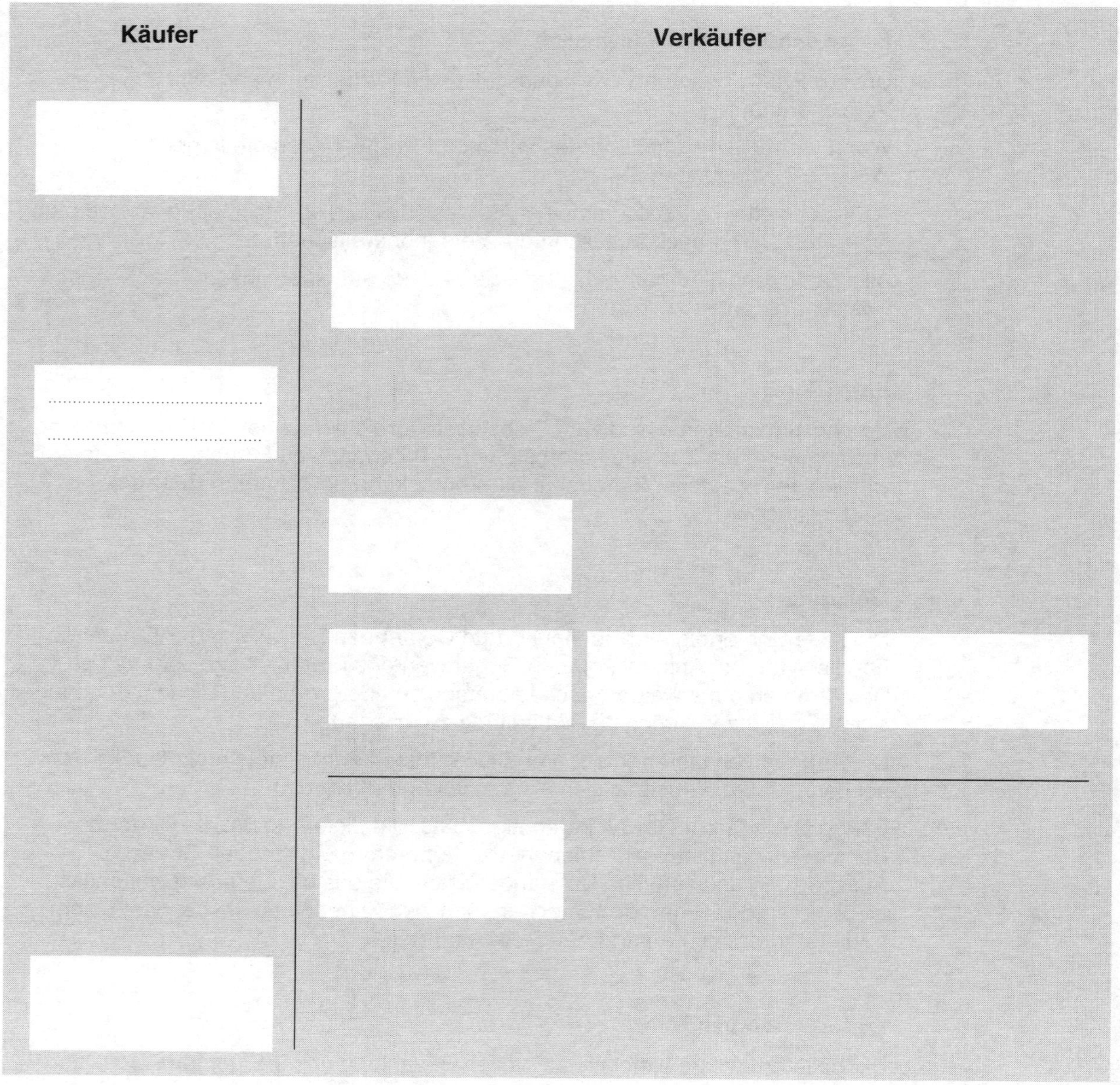

A3 LA DEMANDE D'OFFRE — ANFRAGE

Remplissez, dans le texte allemand, les lignes qui ont été laissées libres.

Introduction :
A quoi est-ce que je me réfère ?
Comment ai-je connu ce fournisseur ?

Raison :
Pour quelle raison est-ce que j'écris ?

Objet :
Qu'est-ce que je demande ?

- nature et qualité des produits
- quantité envisagée
- délai de livraison éventuel
- prix
- conditions de livraison et de paiement

Références :
De qui puis-je me recommander ?

Conclusion :
Je souhaite recevoir une réponse rapidement.

Bezug:
Worauf beziehe ich mich?
Woher kenne ich die Firma?

Grund/Anlaß:
Aus welchem Grund/Anlaß schreibe ich?

Gegenstand:
Was möchte ich wissen?
Worum bitte ich?

- *Beschreibung der Ware*
- *voraussichtliche Bezugsmenge*
- *eventuelle Lieferfrist*
- *Preis*
- *Liefer- und Zahlungsbedingungen*

Referenzen:
Wen kann ich als Empfehlung angeben?

Schlußsatz:
Hoffnung auf baldige Antwort

L'OFFRE — ANGEBOT

Introduction :
remercier pour la demande, se référer à des relations d'affaires antérieures/ à la visite d'un représentant/ à une visite lors d'une foire

Objet :

- nature et qualité des produits

  (recommander plus particulièrement certains articles)
- délai de livraison
- prix
- conditions de livraison et de paiement ou renvoi au tarif et aux conditions générales

Conclusion :
souhait de recevoir prochainement une commande

Bezug:
Dank für die Anfrage, Hinweis auf frühere Geschäftsbeziehungen/ Vertreterbesuch/Messebesuch

Gegenstand:

- ....

  (Hinweis auf besonders empfehlenswerte Waren)
- ....
- ....
- ....

  bzw. Hinweis auf Preisliste und Allgemeine Geschäftsbedingungen

Schlußsatz:
Hoffnung auf Bestellung

LA COMMANDE

Introduction :

remercier de l'offre

se référer à un catalogue/à une annonce/à la visite d'un représentant/ à une visite lors d'une Foire

Objet :

– nature et qualité des produits

– quantité

– prix

– conditions de livraison et de paiement

– dispositions particulières (conditionnement/présentation, emballage spécial, possibilité d'échanger ou de retourner les articles, etc.)

Conclusion :

souhait de recevoir les articles rapidement/de voir la commande exécutée avec soin

BESTELLUNG

Bezug:

....

Bezug auf Katalog/Anzeige

....

....

Gegenstand:

– ....

– Menge

– ....

– ....

....

– Sonderwünsche (Aufmachung, Spezialverpackung, Umtauschrecht, Rückgaberecht usw.)

Schlußsatz:

Hoffnung auf schnelle Lieferung/ sorgfältige Ausführung

L'ACCUSÉ DE RÉCEPTION D'UNE COMMANDE

Introduction :

remercier de la commande

Objet :

– nature et qualité des produits

– quantité

– prix

– conditions de livraison et de paiement

– délai de livraison

– acceptation ou refus des dispositions particulières

Conclusion :

promesse que la commande sera exécutée avec soin

AUFTRAGSBESTÄTIGUNG

Bezug:

....

Gegenstand:

– ....

– ....

– ....

– ....

– ....

– Bestätigung bzw. Ablehnung von

....

Schlußsatz:

Zusicherung einer sorgfältigen Ausführung

B1

Export nach Togo

Sehr geehrte Damen und Herren,

Ihre Adresse wurde uns freundlicherweise von der Firma Gloger & Co. in Darmstadt genannt. Wir bitten Sie um ein Angebot, das wegen dringender Terminverpflichtungen umgehend abgegeben werden muß.

Im Oktober dieses Jahres werden in der Nähe von Lomé 260 neue Bungalows errichtet. Zu deren Ausstattung haben wir Bedarf an

1 500 Stück Frottiertüchern, Größe 0,75 x 1,50 m,
1 500 Stück Frottiertüchern, Größe 0,50 x 1,00 m.

Es soll sich um eine preiswerte Ausführung in reiner Baumwolle und in einem gelblichen Farbton handeln. Ein Muster des Farbtons fügen wir in der Anlage bei.

Bitte lassen Sie uns Ihr Angebot möglichst postwendend zugehen, kalkuliert auf der Basis fob Le Havre, netto, einschließlich seefrachtmäßiger Verpackung, unter Angabe des ungefähren Gesamt-Bruttogewichts. Außerdem bitten wir Sie, Ihrem Angebot eine Stoffprobe beizufügen.

Weitere Auskünfte über uns erteilt Ihnen gerne die Société Européenne de Banque in Paris.

Sollten Sie die gewünschten Artikel nicht in Ihrem Herstellungsprogramm führen, so wären wir Ihnen dankbar, wenn Sie uns einen nach Ihrer Meinung infrage kommenden Lieferer nennen würden.

Für Ihre Bemühungen und Ihre baldige Antwort besten Dank im voraus.

Mit freundlichen Grüßen

Braun/Preiß/Pflips, *Der kaufmännische Schriftverkehr*, Merkur Verlag.

B2

Anfrage

Sehr geehrte Damen und Herren,

wir haben letzte Woche Ihren Stand auf der Hannover-Messe besucht und bei dieser Gelegenheit von Ihrem Verkaufsleiter, Herrn Chassaigne, erfahren, daß Sie zur Zeit freie Kapazitäten für die kurzfristige Fertigung von NC-Bohrmaschinen haben.

Einer unserer Kunden modernisiert zur Zeit seine Produktionsanlagen und hat uns mit der Beschaffung der erforderlichen Werkzeugmaschinen beauftragt.

Wir benötigen für diesen Kunden bis spätestens 30.06.19.. sieben Bohrmaschinen gemäß beiliegenden Zeichnungen und bitten Sie um umgehende Mitteilung, ob Sie die Maschinen bis zu diesem Termin liefern können. Für die Angaben der Bahnfrachtsätze wären wir Ihnen ebenfalls sehr verbunden.

Für eventuelle Erkundigungen über uns wenden Sie sich bitte an die Fa. Berger & Fils, Macon, oder an die Handels- und Kreditbank in Würzburg.

In Erwartung Ihrer baldigen Antwort verbleiben wir

hochachtungsvoll

B3

Anfrage

Sehr geehrter Herr Béranger,

im Februar 19.. möchten wir gerne eine große Sonderaktion für Bordeaux-Weine durchführen. Für die Auswahl der Weine erscheinen uns folgende Punkte wichtig:

- junge, lagerfähige Weine aus den verschiedenen Anbaugebieten,
- lagerfähige Verpackung (möglichst in Holzkisten),
- günstige Preislagen.

Bitte übersenden Sie uns ein ausführliches Angebot sowie Informationsmaterial zu den einzelnen Anbaugebieten.

Außerdem bitten wir um Mitteilung, ob Sie die Flaschen mit von uns gestellten Etiketten versehen könnten und wieviel dies pro Flasche kosten würde.

Wir würden uns freuen, bald von Ihnen Nachricht zu bekommen.

Mit freundlichen Grüßen

B4

Angebot über Spielwaren

Sehr geehrter Herr Reinhardt!

Wir freuen uns, daß Sie mit uns in Geschäftsverbindung treten wollen, und senden Ihnen anbei den gewünschten Katalog mit unserer neuesten Preisliste. Der Katalog gibt Ihnen einen Einblick in unser reichhaltiges Lager von Holzspielwaren, und der ausführliche Text bei der Beschreibung jeder Katalognummer wird Ihnen ein guter Ratgeber sein.

Da wir Ihnen bei der Zusammenstellung einer Bestellung behilflich sein möchten, weisen wir Sie besonders auf die Katalognummern 50 bis 75 hin. Sie finden dort die so beliebten

Schwarzwälder Spielwaren.

Unsere ganze Sorgfalt und eine mehr als 25jährige Erfahrung als Spielwarenfachleute haben wir darauf verwendet, Artikel in der Preislage von 5,— bis 20,— DM herauszubringen. Wir wollen durch diese preiswerten Spielwaren den vielen Eltern helfen, die trotz bescheidener Einkommensverhältnisse ihren Kindern eine Freude bereiten möchten.

Gleichzeitig haben wir wunschgemäß eine Mustersendung dieser Neuheiten an Sie abgeschickt. Sie können sich selbst davon überzeugen, daß die kleinen Schwarzwälder Meisterwerke schön, dauerhaft und preiswert sind.

Beachten Sie bitte auch unsere günstigen Liefer- und Zahlungsbedingungen, die Sie auf Seite 25 der Preisliste finden. Danach liefern wir bei Bestellungen von 100,— DM an portofrei.

Es würde uns freuen, wenn unser Angebot Ihr Interesse fände.

Mit freundlichen Grüßen

Gladigau/Thiel, *Gutes Deutsch, gute Briefe*, Westermann Verlag.

B5

Angebot

Sehr geehrte Frau Courot,

wir danken Ihnen für Ihr Schreiben vom 10.02.19.. und freuen uns, daß Sie sich für unsere Projektionsapparate interessieren.

Wir können Ihnen zur Zeit alle diese Geräte zu besonders vorteilhaften Bedingungen anbieten, die Sie aus der beiliegenden Exportpreisliste ersehen. Unsere Preise verstehen sich fob deutscher Hafen, einschließlich Verpackung. Preisänderungen behalten wir uns vor.

Unsere Zahlungsbedingungen lauten: Bei Erstaufträgen Eröffnung eines unwiderruflichen Akkreditivs zu unseren Gunsten, auszahlbar bei der Dresdner Bank in München; bei Nachbestellungen und Angabe von Referenzen Kasse gegen Dokumente durch eine Bank in Ihrem Land.

Gegenwärtig benötigen wir für alle Geräte eine Lieferzeit von 6 - 8 Wochen.

Mit Auskünften über Verschiffungsmöglichkeiten, Frachtsätzen usw. sowie mit Proformarechnungen zur Einholung von Importlizenzen stehen wir Ihnen auf Wunsch gerne zur Verfügung.

Wir sind seit 1950 auf die Herstellung von Projektoren spezialisiert. Unsere Geräte werden im In- und Ausland wegen ihrer Präzision und Zuverlässigkeit sehr geschätzt.

Wir hoffen, bald einen Probeauftrag von Ihnen zu erhalten, den wir prompt und sorgfältig erledigen werden.

Mit freundlichen Grüßen

R. Sachs, *Deutsche Handelskorrespondenz*, Max Hueber Verlag, Munich.

B6

Ihre Anfrage

Sehr geehrte Frau Roucheux,

wir danken Ihnen bestens für Ihr Schreiben vom 01.03.19.. und für Ihr Interesse an unserer Produktion, müssen Sie aber um Verständnis dafür bitten, daß wir von Kassetten und Schallplatten leider keine kostenlosen Ansichtsexemplare verschicken können.

Um unseren neuen Kunden dennoch eine preisgünstige Möglichkeit zu bieten, unsere Produktion kennenzulernen, gewähren wir auf die ersten beiden Bestellungen grundsätzlich einen Einführungsrabatt in Höhe von 25 %.

Lassen Sie uns bitte wissen, ob wir die von Ihnen angefragten Kassetten zu diesen Bedingungen liefern sollen und ob Sie für Werbeplakate und Aufkleber in französischer Sprache Verwendung haben.

Ihrem Bescheid sehen wir gerne entgegen.

Mit freundlichen Grüßen

B7

Bestellung

Sehr geehrter Herr Winterberg,

Wir danken Ihnen für Ihr Angebot. Entsprechend Ihrer Mustersendung bestellen wir:

200 Brieftaschen, Nr. 5714, schwarz, mit Prägedruck auf der linken Innenseite: Bankhaus Friedrich Bauer KG, Preis 35,— DM je Stück,
200 Geldbörsen, Nr. 3271, schwarz, mit Prägedruck wie oben auf der Innenseite, Preis 20,— DM je Stück,
500 Telefonblocks, Nr. 216, dunkelgrün, mit Prägedruck wie oben auf der Oberseite, rechts unten, Preis 7,— DM je Stück.

Liefern Sie bitte binnen vier Wochen frei Haus. Bei Bezahlung innerhalb zwei Wochen nach Wareneingang ziehen wir 2 % Skonto vom Warenwert ab.

Wir hoffen auf eine sorgfältige Ausführung unserer Bestellung und verbleiben

mit freundlichen Grüßen

Gladigau/Thiel, *Gutes Deutsch, gute Briefe,* Westermann Verlag.

B8

Bestellung

Sehr geehrte Frau Schmitt,

gemäß Ihrem Angebot vom 13.10.19.. bitten wir um Lieferung von

125 Röntgenröhren Nr. 14 zum Stückpreis von 124,— DM.

Da unsere Vorräte zu Ende gehen, muß der Versand spätestens bis zum 15.11. per Eilgut erfolgen. Zahlung bei Eingang der Ware unter Abzug von 2 % Skonto.

Wie telefonisch vereinbart, werden uns bei Rücksendung der Holzkisten innerhalb eines Monats 50 % des dafür berechneten Betrages gutgeschrieben.

Wir bitten Sie, uns diesen Auftrag kurz zu bestätigen, und versichern Ihnen, daß Sie bei sorgfältiger Ausführung mit weiteren Bestellungen rechnen können.

Mit freundlichen Grüßen

B9

Ihr Angebot vom 30.03.19..

Sehr geehrter Herr Martin,

haben Sie besten Dank für Ihr Angebot und die uns übersandten Muster Ihrer Serie NA 23.

Wir finden Ihre Stoffe sowohl von der Wollqualität als auch von der Verarbeitung her für unsere Zwecke bestens geeignet, können aber zu den von Ihnen genannten Preisen leider keine Bestellung aufgeben, da uns von einem anderen deutschen Lieferanten eine vergleichbare Qualität zum Preis von DM 21,— pro Meter angeboten wird.

Wenn Sie uns den gleichen Preis berechnen könnten, wären wir bereit, Ihnen einen ersten Auftrag über je 250 m in Dunkelgrün und in Beige zu erteilen.

Es würde uns freuen, wenn es Ihnen möglich wäre, unseren Vorschlag anzunehmen.

Mit freundlichen Grüßen

B10

Auftragsbestätigung

Sehr geehrte Frau Mandier,

wir bestätigen dankend Ihren Auftrag vom 13.05.19.. auf Lieferung von zwei Geländefahrzeugen des Typs DK mit verstärktem Chassis.

Ihre Anzahlung in Höhe von DM 35.000,— ist inzwischen eingegangen. Der Restbetrag von DM 70.500,— ist vereinbarungsgemäß je zur Hälfte bei Lieferung und innerhalb von 30 Tagen nach Lieferung zu zahlen. Im übrigen weisen wir Sie darauf hin, daß für die Abwicklung des vorliegenden Auftrags ausschließlich unsere Allgemeinen Geschäftsbedingungen maßgebend sind, die Ihnen mit unserem Angebot vom 22.04.19.. zugegangen sind.

Wir danken Ihnen für das in uns gesetzte Vertrauen und versichern Ihnen, daß wir Ihre Anweisungen für die Änderung der Innenausstattung genauestens beachten werden.

Die Versandbereitschaft der Fahrzeuge werden wir Ihnen per Fax mitteilen.

Mit freundlichen Grüßen

B11

Auftragsbestätigung

Sehr geehrter Herr Rocher,

wir danken für Ihren Auftrag und liefern Ihnen

2 Ballen zu je 45 m Trachtentuch Nr. 344 zu 16,50 DM/m,
4 Ballen zu je 45 m Trachtentuch Nr. 347 zu 17,— DM/m.

Die Preise gelten ab Fabrik.
Verpackung: 1/2 % vom Warenwert.
Zahlungsbedingungen: Ziel 2 Monate oder 2 % Skonto bei Zahlung innerhalb 14 Tagen nach Rechnungserhalt.
Lieferung: sofort.
Erfüllungsort und Gerichtsstand für beide Teile ist Stuttgart.

Hochachtungsvoll

Braun/Preiß/Pflips, *Der kaufmännische Schriftverkehr*, Merkur Verlag.

B12

Auftragsbestätigung

Sehr geehrter Herr Petitjean,

wir beziehen uns auf unser Ferngespräch von heute vormittag. Ihren Auftrag haben wir wie folgt vorgemerkt:

8 Polstersessel Modell "Ariane" zu DM 680,— je Stück,
2 Polstersessel Modell "Club" zu DM 845,— je Stück,

Preis: Verpackung und Fracht im Preis inbegriffen.

Lieferung: Die 8 Sessel "Ariane", für die wir Ihnen die Rechnung beifügen, gehen Ihnen noch im Laufe dieser Woche zu. Das Modell "Club" haben wir leider nicht mehr auf Lager; Lieferung in etwa 4 Wochen.

Zahlung: Die 8 Sessel "Ariane" mit Dreimonatswechsel, den wir zum Akzept beilegen; die 2 Sessel "Club" 30 Tage nach Erhalt der Sendung mit 3 % Skonto.

Wir werden uns bemühen, Ihre Bestellung zu Ihrer vollen Zufriedenheit auszuführen.

Mit freundlichen Grüßen

C1 INTRODUCTION

Lettre n°

1 Votre adresse nous a été communiquée par la Maison ...

Ihre Adresse wurde uns von der Fa. ... genannt

2 Nous avons visité votre stand à la Foire de Hanovre

Nous avons appris par votre Directeur des ventes que ...

4 Nous sommes heureux d'apprendre que vous désirez entrer en relations commerciales avec nous

5 Nous vous remercions de votre lettre du ...

Nous sommes heureux d'apprendre que vous êtes intéressé par ...

6 Nous vous remercions de votre lettre du ...

7 Nous vous remercions de votre offre

8 Conformément à votre offre du ...

9 Nous vous remercions de votre offre et des échantillons que vous nous avez fait parvenir

10 Nous accusons réception de votre commande et vous en remercions

Lettre n° 11 Nous vous remercions de votre commande

....

12 Nous nous référons à notre communication téléphonique de ce matin

....

C2 JE DEMANDE, J'OFFRE, JE COMMANDE, JE CONFIRME QUELQUE CHOSE.

Lettre n°

1 Nous vous prions de bien vouloir nous faire parvenir une offre

....

Nous avons besoin de ...

....

Nous désirons un article bon marché

....

Veuillez nous faire parvenir votre offre

....

Nous vous prions de bien vouloir joindre à votre offre ...

....

Nous vous serions reconnaissants de bien vouloir nous indiquer ...

....

2 Nous avons besoin de ...

....

Veuillez nous faire savoir si ...

....

Nous vous serions reconnaissants de bien vouloir nous indiquer ...

....

3 Veuillez nous faire parvenir une offre détaillée

....

***Lettre n°* 3** Veuillez nous faire savoir si ...

....

4 Veuillez trouver ci-joint ...

....

Nous attirons votre attention sur ...

....

5 Nous pouvons vous proposer ...

....

6 Veuillez nous faire savoir si ...

....

7 Nous passons commande de ...

....

8 Nous vous prions de bien vouloir nous livrer ...

....

Nous vous prions de bien vouloir confirmer cette commande

....

....

9 On nous propose ...

....

Nous vous passons commande de ...

....

10 Nous accusons réception de votre commande du ...

....

....

11 Nous vous livrerons ...

....

12 Nous avons noté votre commande comme suit :

....

C3 J'INDIQUE LE DÉLAI DE LIVRAISON.

Lettre n°

2 Nous avons besoin de ... au plus tard le ...

... si vous pouvez livrer avant cette date

5 Un délai de livraison de 6 à 8 semaines est nécessaire

7 Veuillez livrer dans un délai de 4 semaines

8 La livraison doit être effectuée avant le ...

dans un délai d'un mois

11 Livraison immédiate

12 ... vous seront livrés cette semaine

12 … dans 4 semaines environ

C4 J'INDIQUE LES PRIX, LES CONDITIONS DE LIVRAISON ET DE PAIEMENT.

Lettre n°

1 Les prix seront calculés sur la base f.o.b. …

y compris …

4 dans une gamme de prix de 5,— à 20,— DM

....

Pour les commandes supérieures à 100,— DM nous livrons franco

....

5 Vous trouverez nos prix dans le tarif export ci-joint

....

Nos prix s'entendent f.o.b. … emballage inclus

....

Nous nous réservons le droit de modifier nos prix

....

Nos conditions de paiement sont les suivantes :

....

Pour une première commande … pour les commandes suivantes …

....

6 Nos nouveaux clients bénéficient d'une remise de 5 % sur le montant de leurs deux premières commandes

....

7 au prix de 35,— DM pièce

....

Pour un règlement à 15 jours de réception de la marchandise nous déduirons 2 % d'escompte

....

....

8 Paiement à réception de la marchandise, moins 2 % d'escompte

....

En cas de ... notre compte sera crédité de 50 % du montant facturé

....

9 au prix de 21 DM le mètre

....

Lettre n° 9 Si vous pouviez nous facturer le même prix

....

10 Nous avons bien reçu votre acompte de DM ...

....

Le solde est payable ...

....

pour moitié à la livraison, et le solde dans les 30 jours suivant la livraison

....

....

Pour la présente commande, nos conditions générales de vente sont seules valables

....

....

11 Nos prix s'entendent départ usine

....

Frais d'emballage : 0,5 % du prix de la marchandise

....

Conditions de paiement : à 60 jours ; pour paiement à 15 jours de réception de la facture 2 % d'escompte

....

....

12 Les prix s'entendent frais d'emballage et de transport compris

....

Paiement par traite à 90 jours que nous vous joignons pour acceptation

....

....

Dans les 30 jours après réception de la marchandise, moins 3 % d'escompte

....

....

C5 J'INDIQUE LES RÉFÉRENCES.

Lettre n°

1 La Société ... est toute disposée à vous donner des renseignements sur notre Maison

....

2 Pour tout renseignement sur notre Maison veuillez vous adresser à

....

C6 CONCLUSION

Lettre n°

1 En vous remerciant par avance de votre amabilité, …

....

2 Dans l'attente de vous lire, ...

....

3 Nous espérons recevoir bientôt de vos nouvelles

....

4 Nous espérons que notre offre sera susceptible de vous intéresser

....

5 Nous espérons recevoir bientôt une commande à titre d'essai

....

Nous exécuterons votre commande rapidement et avec le plus grand soin

....

....

6 En attendant votre réponse ...

....

7 En comptant sur une bonne exécution de notre commande ...

....

8 Nous vous prions de bien vouloir confirmer cette commande

....

Lettre n° **8** Si cette livraison nous satisfait pleinement nous vous passerons d'autres commandes

....

....

9 Nous serions très heureux que vous puissiez accéder à notre demande

....

....

10 Nous vous remercions de votre confiance

....

Nous vous assurons que vos instructions seront suivies avec le plus grand soin

....

....

Nous vous communiquerons par télécopie la date de mise à disposition

....

12 Nous apporterons le meilleur soin à l'exécution de votre commande

....

D1 SE RÉFÉRER À QUELQUE CHOSE, REMERCIER QUELQU'UN DE QUELQUE CHOSE

Complétez avec tous les mots possibles dans ce contexte.

Muster Vertrauen Bestellung Telex Geschäftsbedingungen Zahlungsbedingungen Fernschreiben Verständnis Schreiben Anfrage Angebot Anruf Entgegenkommen Brief Auftrag Bemühungen Telefax

Bezug:
Wir beziehen uns auf

Wir nehmen Bezug auf

Ihr..	Ihr.. ....
Ihr..	Ihr.. ....
Ihr..	Ihr.; ....
Ihr..	Ihr.. ....
Ihr..	Ihr.. ....
Ihr..	Ihr.. ....
Ihr..	Ihr.. ....

Dank :
Wir danken Ihnen für

Besten Dank für

Verbindlichen Dank für

Ihr..	Ihr.. ....
Ihr..	Ihr.. ....
Ihr..	Ihr.; ....
Ihr..	Ihr.. ....
Ihr..	Ihr.. ....
Ihr..	Ihr.. ....
Ihr..	Ihr.. ....

NB Il existe d'autres expressions pour commencer une lettre commerciale en allemand, telles que :
Bezugnehmend auf — Unter Bezugnahme auf — In Antwort auf — In Beantwortung (+ génitif)

D2 PRIER QUELQU'UN DE FAIRE QUELQUE CHOSE

Wir bitten um ...	Wir bitten um einen Katalog. Wir bitten Sie um Zusendung eines Katalogs.
Wir bitten Sie, ... zu ...	Wir bitten Sie, uns einen Katalog zuzusenden.
Würden Sie uns bitte ...	Würden Sie uns bitte einen Katalog zusenden.
Wir wären Ihnen dankbar, wenn ...	Wir wären Ihnen dankbar, wenn Sie uns einen Katalog zusenden würden/ könnten.
Wir würden uns freuen, wenn ...	Wir würden uns freuen, wenn Sie uns einen Katalog zusenden würden/ könnten.
impératif + bitte	Bitte senden Sie uns einen Katalog. Senden Sie uns bitte einen Katalog.

Complétez. Wir wären Ihnen dankbar, ...

.... (ein Angebot machen)

Würden Sie uns bitte ....

.... (Informationsmaterial über ... schicken)

Wir bitten um ....

.... (Ihre kürzesten Lieferfristen angeben)

Wir würden uns freuen, ...

.... (unseren Messestand besuchen)

Wir bitten Sie, ...

.... (einen anderen Hersteller nennen)

(impératif + bitte) ....

.... (diesen Termin vormerken)

D3 DEMANDER, OFFRIR, COMMANDER QUELQUE CHOSE

Wir benötigen ...

Wir haben Bedarf an ...

Schicken Sie uns bitte ein Angebot für ...

Wir bitten um Ihr Angebot für ...

Wir können Ihnen anbieten:

Wir bieten Ihnen ... an

Wir können Ihnen folgendes Angebot unterbreiten:

Wir senden Ihnen anbei ... (Katalog, Preisliste usw.)

Beachten Sie bitte …

Wir weisen Sie auf ... hin

Wir bitten um Lieferung von …

Bitte liefern / senden / schicken Sie uns …

Wir bestellen …

Wir geben folgende Bestellung auf:

Wir erteilen folgenden Auftrag:

Wir bestätigen Ihren Auftrag vom ...

Wir liefern Ihnen ...

Wir haben Ihren Auftrag wie folgt vorgemerkt:

Complétez avec tous les mots possibles dans ce contexte.

Prospekt, Telefax, Preisliste, Termin, Ferngespräch, Probe, Bestellung, Informationsmaterial, Abbildung, Telex, Auftrag, Geschäftsbedingungen, Skizze, Gespräch, Zeichnung, Plan, Muster, Abmachung, Photo, Katalog, Vertragsentwurf, Broschüre, Absprache

Wir bestätigen

d..
Ihr..
unser..

....

Wir senden Ihnen anbei

unser..
ein..

unser..
ein..

....

Wir benötigen

Wir bieten Ihnen an

Wir bestellen (bei Ihnen)

Wir liefern Ihnen

NOMBRE	*Complétez cette rubrique par des noms de produits.*
Blatt	
Stück	
Dtzd. (Dutzend)	
g (Gramm)	
Pfd. (Pfund)	
kg (Kilogramm)	
Zentner	
t (Tonnen)	
m (Meter)	
m^2 (Quadratmeter)	
m^3 (Kubikmeter)	
Faß	
Sack	
Flaschen	
Glas *(attention !)*	
Beutel	
Dosen, Büchsen	
Kanister	
Kisten	
Kartons	
Ballen	
Schachteln	
Eimer	
Tüten	
Exemplare	
Paar	

D4 INDIQUER DES DÉLAIS DE LIVRAISON ET DE PAIEMENT

Lieferung : Zahlung : Wir bitten um Lieferung Wir bitten um Zahlung Liefern Sie bitte Zahlen Sie bitte Wir liefern Wir zahlen Die Lieferung erfolgt Die Zahlung erfolgt Die Lieferung muß/ sollte ... erfolgen Die Zahlung muß/ sollte ... erfolgen Die Ware geht Ihnen ... zu Wir lassen Ihnen die Ware ... zugehen	bis spätestens 11.02.19.. bis zu dem genannten Termin binnen vier Wochen innerhalb (von) 4 Wochen bis zum 15.11.19.. sobald die Ware versandbereit ist wie vereinbart innerhalb von 4 Wochen sofort, unverzüglich, umgehend, kurzfristig, postwendend in ca. / etwa / ungefähr 6 Wochen (noch) diese Woche, (noch) in dieser Woche nächste Woche, in der nächsten Woche *pour un délai de livraison seulement :* binnen 10 Tagen nach Erhalt der Bestellung/nach Eingang Ihrer Zahlung *pour un délai de paiement seulement :* bei Auftragserteilung bei Erhalt der Ware innerhalb von 10 Tagen nach Erhalt der Ware 10 Tage nach Rechnungsdatum
Die Lieferfrist beträgt Das Zahlungsziel beträgt Lieferfrist : Zahlungsziel : Ziel : Wir benötigen eine Lieferfrist von Wir bitten um ein Zahlungsziel von	4 Wochen
Wir gewähren Ihnen	30 Tage Ziel ein Ziel von 30 Tagen

Traduisez.

1. Livraison dans les huit jours. ....

2. Nous pourrons livrer par retour du courrier.

....

3. Les articles vous parviendront la semaine prochaine.

....

4. Nous livrerons au plus tard le 20 juin.

....

5. Paiement à la commande. ....

6. Paiement à réception de facture. ....

7. Nous vous accordons un délai de paiement de 30 jours.

....

8. La livraison devra être effectuée au plus tard le 15 mai.

....

9. Notre délai de livraison est de 2 mois.

....

D5 INDIQUER LE PRIX

<table>
<tr><td colspan="2">Preis
Der Preis beläuft sich auf / beträgt</td><td>... DM netto
... DM brutto</td></tr>
<tr><td rowspan="2">Unsere Preise verstehen sich</td><td>abzüglich</td><td>... % Skonto
... % Rabatt (Mengen-, Wiederverkäufer-, Sonder-, Treuerabatt)</td></tr>
<tr><td>einschließlich
zuzüglich</td><td rowspan="2">(... %) MWSt. (Mehrwertsteuer)
Verpackung (skosten)
Frachtkosten
Zoll
Versicherung</td></tr>
<tr><td colspan="2">Unsere Preise schließen .... ein</td></tr>
<tr><td colspan="2">Auf unsere Preise gewähren wir</td><td>... % Skonto
... % Rabatt
... % Nachlaß
... % Ermäßigung</td></tr>
</table>

D6 INDIQUER LES CONDITIONS ET MODALITÉS DE LIVRAISON

Wir bitten um Lieferung

Wir liefern

Die Lieferung erfolgt

Lieferung:

per Post	
als Päckchen	petit paquet
als Paket	paquet-poste
als Schnellpaket	paquet-poste urgent
als Warensendung	envoi commercial
als Wertsendung	envoi en valeur déclarée
per Luftpost	par avion
per Bahn	
als Frachtgut	en petite vitesse
als Stückgut	colis
als Eilgut	en vitesse accélérée
als Expreßgut	colis express
per LKW	
per Schiff	
per Luftfracht	

ab Werk / Lager / Fabrik / Bahnhof München
unfrei (en port dû)
Fracht bezahlt Empfänger

frei Haus, frei Bahnhof Frankfurt, frei Flughafen
Frankfurt, frachtfrei (en port payé, franco de port)

frei deutsche Grenze
fas ... (Name des Verschiffungshafens) (= free alongside ship)
fob ... (Name des Verschiffungshafens) (= free on board)
c & f ... (Name des Bestimmungshafens) (= cost and freight)
cif ... (Name des Bestimmungshafens) (= cost, insurance, freight)

verzollt, unverzollt, Zoll zu Lasten des Käufers

D7 INDIQUER LES MODALITÉS DE PAIEMENT

	per/durch Überweisung (auf unser Konto bei der Bank ...)	par virement (sur notre compte à la banque ...)
	per/durch Scheck (Verrechnungsscheck, Euroscheck)	par chèque (chèque barré, eurochèque)
Wir bitten um Zahlung	per/durch Wechsel/Tratte/Akzept (z. B. per 3-Monats-Wechsel)	par traite (par traite à 90 jours)
Wir zahlen	im voraus	à la commande
Die Zahlung erfolgt	Kasse gegen Dokumente	documents contre paiement
Zahlung:	Dokumente gegen Akzept	documents contre acceptation
	durch unwiderrufliches (und bestätigtes) Akkreditiv zu unseren Gunsten, auszahlbar bei .... (Bank)	par crédit documentaire irrévocable (et confirmé) payable auprès de ...
Wir bitten um Lieferung	gegen Vorkasse	contre paiement à la commande
Wir liefern	gegen Nachnahme	contre remboursement
Die Lieferung erfolgt	gegen Kasse gegen Barzahlung	contre paiement comptant
Lieferung:	gegen Akzept	contre acceptation

D8

Vous pouvez vous assurer maintenant que vous avez bien assimilé les indications de prix et les conditions de livraison et de paiement. Vous trouverez ci-dessous les termes allemands correspondants mais, attention : ils ne sont pas dans le bon ordre.

Prix et remises

Preise und Preisnachlässe

Conditions de livraison et de paiement

Liefer- und Zahlungsbedingungen

1. Nos prix s'entendent f.o.b. Le Havre.

....

2. départ usine

....

3. franco domicile

....

4. en port payé, franco de port

....

5. en port dû

....

6. franco frontière

....

7. franco gare

....

8. départ gare

....

9. emballage compris

....

10. emballage en sus

....

11. Nous accordons aux revendeurs une remise de 35 % sur nos prix courants.

....

12. Nous accordons une réduction spéciale de 10 % sur les prix de notre catalogue.

....

13. paiement à la commande

....

14. paiement par chèque à réception de facture

....

15. 1/3 à la commande, 1/3 à la livraison, 1/3 à 30 jours de livraison

....

16. contre remboursement

....

17. paiement à réception des marchandises

....

18. paiement à 60 jours de date de facture

....

19. paiement à 30 jours

....

20. 3 % d'escompte pour paiement dans les 10 jours

....

.../...

a) Vorauszahlung
b) 30 Tage Ziel
c) Zahlung durch unwiderrufliches und bestätigtes Akkreditiv
d) frei Bahnhof
e) Unsere Preise verstehen sich fob Le Havre.
f) ab Bahnhof
g) gegen Nachnahme
h) Auf unsere Katalogpreise gewähren wir Ihnen einen Sonderrabatt von 10 %.
i) unfrei
j) Zahlung bei Erhalt der Waren
k) ab Werk / Fabrik
l) frachtfrei
m) 1/3 bei Auftragserteilung, 1/3 bei Lieferung und 1/3 innerhalb von 30 Tagen
n) einschließlich Verpackung
o) Kasse gegen Dokumente
p) Zahlung innerhalb von 60 Tagen nach Rechnungsdatum
q) frei Grenze
r) Dokumente gegen Akzept
s) frei Haus
t) Wir gewähren einen Wiederverkäuferrabatt von 35 % auf unsere Listenpreise.
u) Zahlung innerhalb von 10 Tagen ab Rechnungsdatum abzüglich 2 % Skonto oder innerhalb von 30 Tagen netto
v) 3 % Skonto für Zahlung binnen 10 Tagen
w) zuzüglich Verpackung
x) Zahlung durch Scheck sofort nach Eingang der Rechnung

21. 2 % d'escompte pour paiement à 10 jours de date de facture, ou paiement à 30 jours sans escompte

....

....

22. documents contre paiement

....

23. documents contre acceptation

....

24. paiement par crédit documentaire irrévocable et confirmé

....

D9 POUR CONCLURE

Reconstituez ces phrases.

1. Wir danken Ihnen im voraus

2. Wir würden uns freuen,

3. Wir würden uns ... freuen

4. Wir hoffen auf

5. Wir hoffen,

6. In der Hoffnung auf

7. Wir wären Ihnen ... dankbar.

8. Wir wären Ihnen dankbar,

9. Wir sind sicher,

10. Wir sind überzeugt,

11. Sie können ... rechnen.

12. Wir sehen ...gerne entgegen.

13. In Erwartung

a) Ihrem Auftrag

b) daß Ihnen unsere Artikel gefallen werden.

c) daß Sie mit der Ausführung dieser Sonderanfertigung zufrieden sein werden.

d) für Ihre baldige Antwort

e) über eine rasche Antwort

f) daß unsere Bestellung sorgfältig ausgeführt wird.

g) Ihrer baldigen Antwort verbleiben wir

h) mit regelmäßigen Aufträgen

i) wenn Sie uns einen Probeauftrag erteilen würden.

j) eine rasche Bearbeitung unserer Bestellung

k) für Ihren baldigen Bescheid

l) wenn Sie uns diese Bestellung kurz bestätigen könnten.

m) eine prompte Lieferung verbleiben wir

E

Dans cet exercice apparaissent non seulement des termes venant des lettres précédentes mais aussi d'autres expressions souvent utilisées dans la correspondance commerciale. Choisissez le terme exact.

1. Wir beziehen uns auf/über/an Ihre Anzeige an/auf/in der Zeitschrift "Marketing".
2. Ich bestätige das Gespräch mit dem/mit/vom Herrn Neumann vom/an/dem letzten Donnerstag.
3. Wir haben Ihren Stand an/in/auf der Hannover-Messe besucht.
4. Wir haben erfahren, daß Sie ein neues Modell in/auf/über den Markt gestellt/geliefert/gebracht haben.
5. Als/Da/Wie wir aus/von/mit der Firma Westermann gekannt/gelernt/erfahren haben, stellen Sie Regale für den Bürobedarf her.
6. Wir haben Ihre Anschrift von der Industrie- und Handelskammer in Düsseldorf erhalten/gekannt/empfangen.
7. Wir haben Bedarf über/Bedarf an/Gebrauch an hochwertigen Dekorationsstoffen.
8. Wir sind darüber/dafür/daran interessiert, Werkzeuge aus/von/in der Bundesrepublik einzuführen.
9. Unser Lagerbestand geht nach/zu/an Ende.
10. Bitte senden Sie uns mit rückgehender Post/postwendend/postgehend Ihre Preisliste.
11. Für die Sendung/Überweisung/Zusendung Ihres Katalogs wären wir Ihnen dankbar.
12. Bitte teilen/geben/schreiben Sie uns mit, ob Sie von/am/ab Lager liefern können.
13. Bitte geben Sie uns an, ob Sie die Waren in/auf/ab Lager haben.
14. Sie erhalten mit/durch/unter getrennte(r) Post ausführliches technisches Informationsmaterial.
15. Für/Zu/Um Ihre(r) Information übersenden wir Ihnen Qualitätsmuster.
16. Wir freuen uns, Ihnen folgendes Angebot vorstellen/unterbreiten/überlegen zu können.
17. Diese Qualität ist/kommt/steht für unseren Bedarf nicht in Frage.
18. Wir können Ihrem Wunsch leider nicht entsprechen/Folge leisten/folgen.
19. Bei Erstaufträgen leisten/gewährleisten/gewähren wir einen Sonderrabatt von 10 %.
20. Aufgrund Ihres Angebots vom 07.01. passieren/erteilen/machen wir Ihnen folgenden Auftrag :
21. Zahlung innerhalb 10 Tage/10 Tagen/von 10 Tage nach Rechnungsdatum.
22. Wir bitten um Lieferung bis zu Ende/zum Ende/Ende Januar.
23. Der Aufpreis beträgt sich auf/beläuft sich auf/ist von DM 400,—.
24. Ausnahmsweise gewähren wir Ihnen 5 % Sonderrabatt/einen Sonderrabatt um 5 %/um 5 % Sonderrabatt.
25. Ab 01.01.19.. erhöhen sich unsere Listenpreise von/um/auf 5 %.

26. Bei Erstaufträgen sendet sich/erfolgt/erledigt sich die Lieferung gegen Nachnahme.

27. Die Waren werden wie vereinbart/abgeschlossen/abgekommen in Holzkisten verpackt/ausgepackt/erfolgen.

28. Wir lassen Ihnen die Waren per/durch/bei Bahn zugehen.

29. Wir bitten um Lieferung bis zu dem/bis dem/bis den genannten Termin.

30. Die Verpackung wird extra/einschließlich/ausschließlich berechnet.

31. Bei Vorherzahlung/Vorzahlung/Vorauszahlung gewähren wir 3 % Skonto.

32. Wir liefern grundsätzlich nur durch/gegen/zu Barzahlung.

33. Wir bitten um Zahlung bis zum 30.10. unter/bei/mit Abziehung/Abzug/Kürzung von 10 % Mengerabatt/Mengenrabatt/Mengenrabatte.

34. Wir sind gerne bereit, zwei Dritteln/zwei Drittel/die zwei Drittel des Rechnungsbetrages bei Auftragserteilung zu überweisen.

35. Unsere Preise verstehen/verständigen/vereinbaren sich zuzüglich Verpackung.

36. Bitte faxen/faxieren/telexe Sie uns Ihr Sonderangebot.

F1

Cette lettre ne comporte ni majuscules, ni ponctuation, ni paragraphes. Présentez-la correctement.

sehr geehrte damen und herren in dem neuen lucull exportkatalog der cma ist uns ihre anzeige aufgefallen und wir glauben daß ihre fruchtsäfte gut in unser sortiment passen würden wir sind eine einkaufszentrale die 125 mittelgroße und kleinere selbstbedienungsläden in unserer region beliefert wie wir aus dem katalog ersehen werden ihre produkte auf dem französischen markt noch nicht von einem alleinvertreter vertrieben daher wenden wir uns direkt an sie mit der bitte uns ein ausführliches angebot über ihre fruchtsäfte zu unterbreiten wichtig für uns sind ebenfalls genaue angaben über fruchtanteil fruchtzuckergehalt eventuelle konservierungsmittel farbstoffe oder andere zusätze sowie über die haltbarkeit damit wir uns ein genaueres bild von ihren produkten machen können wären wir ihnen dankbar wenn sie uns ein mustersortiment schicken würden mit freundlichen grüßen

F2

Cette lettre ne comporte ni majuscules, ni ponctuation, ni paragraphes. Présentez-la correctement.

sehr geehrter herr valiergue wir danken ihnen für ihre anfrage vom 17 oktober und freuen uns über ihr interesse an unseren produkten wunschgemäß lassen wir ihnen ein mustersortiment unserer fruchtsäfte zugehen sie werden sich also davon überzeugen können daß es sich bei unseren erzeugnissen um naturreine säfte ohne jegliche zusätze und konservierungsmittel handelt wir sind besonders stolz darauf daß unsere fruchtsäfte seit jahren spitzenreiter bei den jährlich stattfindenden qualitätsprüfungen sind und sind sicher daß sie auch in frankreich großen anklang finden werden die moderne verpackung aus aluminium und karton hat viele vorteile sie ist gewicht- und raumsparend denn die viereckige form nimmt extrem wenig regalfläche ein und bietet eine hohe stapelfähigkeit wir senden ihnen anbei unsere exportpreisliste der sie bitte auch angaben über verpackungseinheiten lieferfristen und zahlungsbedingungen entnehmen wollen bei erstaufträgen gewähren wir einen einmaligen sonderrabatt von 10 % auf die rechnungssumme über einen auftrag von ihnen würden wir uns sehr freuen und versichern ihnen daß wir ihn zu ihrer vollen zufriedenheit ausführen werden mit freundlichen grüßen

F3

Présentez cette lettre correctement.

sehrgeehrterherrwackwitzwirdankenihnenfürihrangebotvom30oktoberunddasmus
tersortimentwirsindderansichtdaßihrefruchtsäftedemgeschmackdesfranzösischen
publikumsentsprechenkönntenundestrotzdesverhältnismäßighohenpreiseshierab
satzchancendafürgibteinebestellungmüssenwirjedochvonfolgenderbedingungabh
ängigmachenlautdenbestimmungendesfranzösischenlebensmittelgesetzesmüsse
ndieinformationenüberdieproduktzusammensetzunginfranzösischersprache aufde
rverpackungangegebenseindieseraufdruckmüßtevonihneningeeigneterformundo
hneaufpreisvorgenommenwerdenwirbittensieunsihrezustimmungkurzmitzuteilend
amitwirihnenunserebestellungerteilenkönnenmitfreundlichengrüßen

F4

Dans cette lettre se sont glissées 6 fautes (mots manquants, mots de trop, mots inappropriés). Corrigez-les.

Sehr geehrter Herr Valiergue,

wir danken Ihnen für Ihr Schreiben vom 15.11.19... Inzwischen haben wir mit unserer Druckerei und unserer Produktionsabteilung überprüft, inwieweit ein zusätzlicher Etikettenaufdruck in französischer Sprache möglich ist, ohne die attraktive Aufmachung zu beeinträchtigen.

Mit getrennter Post geht Ihnen ein Muster zu. Wir sind sicher, daß Ihnen der diskrete Etikettenaufdruck auf der Rückseite nicht gefallen wird.

Da der zusätzliche Etikettenaufdruck einen erheblichen Arbeitsaufwand darstellt, müssen wir Ihnen erfreulicherweise einen Aufpreis von 0,04 DM pro Stück gewähren. Sollte sich im letzten Jahr das Geschäft mit Frankreich ausdehnen, so sind wir gerne bereit, von vornherein Angaben in französischer Sprache aufdrucken zu lassen, so daß dann zusätzlichen Kosten mehr für Sie anfallen würden.

Wir hoffen, daß Sie uns trotz des hohen Aufpreises Ihre Bestellung erteilen, die wir dann zu Ihrer vollen Zufriedenheit ausführen werden.

Mit freundlichen Grüßen

F5

Les phrases de cette lettre sont dans le désordre. Reconstituez la lettre.

Als Zahlungsbedingung hatten wir vereinbart: Ziel 30 Tage rein netto ab Rechnungsdatum.

Sehr geehrter Herr Valiergue!

Wir liefern Ihnen ... zum Preise von ... abzüglich 10 % Sonderrabatt.

Wir wünschen Ihnen guten Empfang der Ware und hoffen, daß Sie uns weitere Aufträge erteilen werden.

Wir bestätigen unser Telefongespräch von heute morgen wie folgt:

Den Rechnungsbetrag überweisen Sie bitte auf unser Konto bei der Bank für Gemeinwirtschaft, Hamburg.

Die Lieferung erfolgt durch die Spedition Schanker, Hamburg, bis spätestens 15.12.19..

Mit freundlichen Grüßen

Wir bestätigen außerdem, daß wir für den von Ihnen gewünschten französischsprachigen Aufdruck 50 % des Selbstkostenpreises, d.h. 0,02 DM/Stück berechnen.

F6

En assemblant les éléments ci-contre composez une lettre. (Attention, les majuscules de début de phrase ont été supprimées.)

– wir stellen ... her
– für Fachgeschäfte und Kaufhäuser.
– bitte senden Sie uns
– Kosmetikartikel für den gehobenen Bedarf
– besonders die kleineren Ausführungen,
– auf den Ladentisch
– mit freundlichen Grüßen
– ist uns ... aufgefallen.
– uns interessieren dabei
– sehr geehrte Damen und Herren,
– über die verschiedenen Modelle.
– die ... gestellt werden können.
– in der April-Nummer der "Verpackungsrundschau"
– ausführliches Dokumentationsmaterial
– Ihre Anzeige für Verkaufsständer
– und suchen attraktive Verkaufsständer

F7

Présentez cette lettre correctement.

sehrgeehrtefrauspangerwirdankenihnenfürihreanfragevom12maiundsendenihnen
inderanlageunserenfarbkatalogwirweisensiebesondersaufdieseiten23-28hinwokle
inereverkaufsständerfürdiekosmetikbrancheabgebildetsindwobeinatürlichaufdruc
keundfarbenmitihnenabgestimmtwerdenmüßtendieangegebenenpreisebeziehens
ichjeweilsaufeinemindestabnahmemengevon200stücksolltensieeinespezialanferti
gungwünschensowäreunserverkaufsberatergernebereitsieinihrerfirmaaufzusuche
nummitihnenanortundstelleeinproduktgerechtesdisplayzuentwerfenwirerwartenihr
enachrichtundverbleibenmitfreundlichengrüßen

F8

En assemblant les paragraphes, reconstituez 3 lettres.

– Die Commerzbank in Hamburg erteilt Ihnen gern Auskunft über unsere Firma.
– Wir haben Ihr Schreiben vom ... erhalten und danken Ihnen für Ihr Interesse an unseren Produkten.
– Würden Sie uns bitte für 10.000 4-teilige Essensbestecke und 3.000 Servierbestecke Ihr günstigstes Angebot unterbreiten.
– Wir bitten Sie um umgehende Antwort.
– Wir bedauern sehr, daß Sie uns für die verlangten Mengen kein verbindliches Angebot unterbreiten können, denn Ihre Bestecke entsprechen in Form und Preis durchaus unseren Vorstellungen.

- Um Ihnen einen Überblick über unser Sortiment und unsere Preise zu geben, senden wir Ihnen in der Anlage unseren Katalog und die derzeit gültige Exportpreisliste.
- Wir sind eine Gaststättenkette mit 25 Restaurants à 100-125 Plätzen in den größten Städten der Bundesrepublik.
- Wir danken Ihnen für Ihr Schreiben vom ... und Ihren Katalog.
- Da die Erneuerung der Bestecke in unseren Restaurants in etwa acht Wochen abgeschlossen sein soll, werden wir uns aber leider an einen anderen Hersteller wenden müssen.
- Die von Ihnen angegebenen Mengen übersteigen allerdings im Augenblick unsere Produktionskapazität. Wir sind voll mit Aufträgen eingedeckt und können die angefragten Mengen erst in ca. 6 Monaten liefern, so daß wir Ihnen zur Zeit kein verbindliches Angebot unterbreiten können.
- Da demnächst in allen unseren Restaurants die Bestecke erneuert werden müssen, sind wir auf der Suche nach formschönen, praktischen und spülmaschinenfesten Essens- und Servierbestecken.
- Wir danken Ihnen für Ihr Verständnis.
- Vielleicht wäre es Ihnen dagegen möglich, uns ein Angebot über Steak-Bestecke für unsere drei exklusiven Restaurants mit je 50 Plätzen zu unterbreiten. Auch hier dürfte die Lieferfrist sechs Wochen nicht überschreiten.
- Sollten Sie die Erneuerung der Bestecke jedoch erst für später ins Auge fassen, so teilen Sie uns dies bitte mit. Wir würden Ihnen dann ein Angebot unter Vorbehalt einer fünfprozentigen Preissteigerung übersenden.

G1

Pour les lettres suivantes, notez le/les points les plus importants dans la marge, en français. Rédigez ensuite, en allemand, la réponse à chaque lettre en respectant les indications manuscrites figurant en bas des lettres.

Exemple :

Einkaufszentrale für den Hotelbedarf
Rosengartenstr. 18, 19055 Schwerin

Fa. Savons Michel
14, Bd. de la Gare
F-13006 Marseille

Schwerin, den
03.02.19..

Bestellung

Sehr geehrte Damen und Herren,

wir bestellen laut der uns vorliegenden Preisliste 250 Kanister à 10 l flüssiger Seife Typ BX zum Preis von FF 6,45/Liter.

Lieferung : bis spätestens 20. 02. per LKW, frachtfrei Schwerin.

Besten Dank für Ihre prompte Lieferung.

Mit freundlichen Grüßen

i. A. Hans Velter

250 bidons BX à 6,45 = ancien prix livraison avant le 20.2

envoyer nouveau tarif. délai de livraison 3 sem. minimum.

TEXTILGROSSHANDLUNG PETREX KG
Mainufer 256, 60311 Frankfurt

Fa. Jules Valtès
103, route de Menton
F-06000 NICE

Frankfurt, den
11.07.19..

Anfrage

Sehr geehrte Damen und Herren,

wir würden gerne unser Sortiment an Dekorationsstoffen erweitern und bitten Sie um Ihr günstigstes Angebot für hochwertige Ware in 1,40 m Breite.

Mit Ihrer Preisliste schicken Sie uns bitte Stoffmuster sowie Farbkarten der einzelnen Artikel.

Wir würden gegebenenfalls eine größere Menge bestellen, möchten aber gerne einzelne Auftragspositionen jeweils kurzfristig abrufen können.

Wir haben bisher einen großen Teil unserer Ware aus Italien bezogen und legen Wert darauf, unseren Abnehmern auch weiterhin sehr preisgünstige Angebote machen zu können.

In der Hoffnung, bald von Ihnen zu hören, verbleiben wir

mit freundlichen Grüßen

Dietrich Werner

livraison minimum de
500 m en une seule fois
produits haut de gamme

G3

F. BAUER GMBH & CO. KG
GUSTAV-HEINEMANN-STRASSE 17
40211 DÜSSELDORF

Bernard Tardieu S. A.
20, quai Valmy
F-83000 TOULON

Düsseldorf, den
01.03.19..

Ihre Anfrage vom 18.02.19..

Sehr geehrter Herr Tardieu,

wir danken Ihnen bestens für Ihre Anfrage vom 18. 02.

Selbstverständlich können wir unsere Geschirrspülmaschinen auch in dem von Ihnen gewünschten hellgrünen Farbton liefern. Bei Bestellungen ab 250 Stück berechnen wir dafür keinen Aufpreis.

Wie Sie aus der beiliegenden Preisliste ersehen, gewähren wir normalerweise ein Zahlungsziel von 30 Tagen. Da Sie zum ersten Mal mit uns in Geschäftsverbindung treten und wir sehr daran interessiert sind, auf dem südfranzösischen Markt Fuß zu fassen, wären wir ausnahmsweise bereit, für 50 % des Rechnungsbetrages ein Ziel von 45 Tagen zu akzeptieren.

Ihrer Bestellung sehen wir gerne entgegen.

Mit freundlichen Grüßen

Karl Klinger

quantité trop importante
supplément de combien ?
45 jours pour la totalité

G4

JOCHEN LORENZBERGER OHG
Lessingallee 38, 55118 Mainz

Éts. Jean-Michel Arnaud
71, rue d'Espagne
F-64100 BAYONNE.

Mainz, den
11.05.19..

Nachlieferung

Sehr geehrter Herr Arnaud,

wir danken Ihnen für die schnelle Lieferung.

Ihre modischen T-Shirts haben sich bisher so gut verkauft, daß unsere Lagervorräte fast schon zu Ende gehen. Wir bestellen daher für die gängigen Größen 38/40/42

> 500 T-Shirts, Art. Nr. 24, blau-weiß gestreift, zum Preis von FF 36, 30.

Bitte schicken Sie uns die Ware so schnell wie möglich, spätestens jedoch bis zum 05. 06. 19..

Mit freundlichen Grüßen

Peter Lorenzberger

stock épuisé
nouvelle fabrication impossible
modèle similaire 42 A
un peu plus cher.
joindre échantillon.

G5

ANTON MEIER & SÖHNE

Adlerstr. 2, 37083 Göttingen

Fa. Sitran S. A.
39, av. de la République
F-54000 NANCY

Göttingen, den
18.03.19..

Unser Gespräch auf der ANUGA

Sehr geehrte Frau Calvet,

anläßlich der ANUGA hatten wir die Gelegenheit zu einem ausführlichen Gespräch über die Absatzmöglichkeiten unserer Wurstwaren in Frankreich.

Wir hatten dabei den Eindruck gewonnen, daß ein großer Teil unserer Erzeugnisse bei dem französischen Publikum durchaus auf Zuspruch stoßen könnte und daß Sie daran interessiert wären, den Verkauf auf dem französischen Markt zu übernehmen.

Bei unserem Gespräch hatten Sie uns eine Entscheidung innerhalb von drei Wochen zugesichert.

Da wir auch mit anderen Interessenten verhandelt haben, bitten wir Sie, uns umgehend mitzuteilen, ob Sie weiterhin an dem Vertrieb unserer Erzeugnisse interessiert sind.

Mit freundlichen Grüßen

Anton Meier

sommes toujours intéressés
campagne promotionnelle
souhaitable, mais qui va payer ?

H1

1. La Société Lemercier, Paris, fabrique des vêtements pour hommes et veut moderniser son système d'emballage et d'étiquetage. Elle est intéressée par l'annonce ci-dessus et écrit aux Éts. Herma pour leur demander de plus amples informations.

2. Les Éts. Herma lui répondent.

H2

markt-infos

Fruchtsirup

Die Firma F. Göbber KG, Bahnhofstr. 40, 27324 Eystrup, bietet dem Großverbraucher jetzt ihre Fruchtsirupe in Blechkanistern à 4 l und 10 l Inhalt an.
Alle Sirupsorten sind frei von Konservierungsstoffen.
Die Kanister sind mit 4 l oder 10 l Inhalt erhältlich und werden dem Handel auf Paletten zu 84 bzw. 50 Kanistern angeboten. Ein Produkt- und Packungstest wurde vorgenommen

aus:
"food + nonfood"

1. Les Éts. Liévron, fournisseurs de nombreux restaurants d'entreprise, sont intéressés par l'information ci-dessus et écrivent à la Société F. Göbber pour lui demander une offre détaillée.
2. La Société F. Göbber fait une offre avantageuse.
3. Les Éts. Liévron passent une commande.

H3

1. La Société Tricot-Joli est intéressée par l'annonce ci-dessus. Elle a besoin d'aiguilles très résistantes et néanmoins bon marché, livrables dans des délais très brefs.
2. Les Éts. Hettich répondent.

H4

1. La Société Indu-Brosses, Neuilly-sur-Seine, est à la recherche d'un nouveau fournisseur. Elle demande des informations détaillées.
2. La Société Schulthess répond.

I1

Ballant S.A.	Franz Maier & Co.
145, Bd. Haussmann F-75008 Paris	Poststr. 14 D-20354 Hamburg
– Großhandlung für neuzeitliche Büromöbel – Spezialhaus für die Einrichtung von Großraumbüros	– Hersteller von Büromöbeln – stellt auf den großen Fachmessen aus – ist bereits auf dem belgischen Markt gut vertreten

a) La Société Ballant écrit aux Éts. Franz Maier pour leur demander les prix et conditions de vente pour la France.

b) Les Éts. Franz Maier lui font une offre avantageuse.

c) La Société Ballant trouve néanmoins les prix trop élevés pour le marché français, insiste sur l'importance des débouchés possibles et demande à bénéficier de prix plus favorables pendant les six premiers mois.

d) Les Éts. Franz Maier répondent.

I2

Karl Richter GmbH & Co. KG	Start-Sports
Schillerstr. 24 D-99423 Weimar	41, Bd. de Strasbourg F-75010 Paris
– Import und Export von Sport- und Freizeitartikeln – ist im Facheinzelhandel sehr gut eingeführt	– Entwurf und Herstellung von Sportartikeln – ist spezialisiert auf Erzeugnisse für den gehobenen Bedarf

a) La Société Karl Richter écrit aux Éts. Start-Sports, leur précise ses besoins et leur demande s'ils sont à même de lui fournir les articles en question.

b) Les Éts. Start-Sports répondent par l'affirmative et lui envoient une offre détaillée.

3

Verlagshaus Hans Krüger GmbH In der Buttergasse 37 D-51069 Köln – verlegt mehrere Fachzeitschriften – hat einen großen Abonnentenkreis	Lamotte & Cie. 50, rue Saint-Fort F-69004 Lyon – Hersteller von Adressier- und Faltmaschinen – hat gerade eine neue Serie besonders leistungsfähiger Maschinen herausgebracht – beliefert viele deutsche Firmen

a) La Société Hans Krüger a étudié le catalogue des nouveautés des Éts. Lamotte et commande une machine à adresser.

b) Les Éts. Lamotte accusent réception de la commande.

4

Marina-Versand Wandsbeker Str. 3-7 D-22179 Hamburg – beliefert Privathaushalte in der gesamten Bundesrepublik – ist Großabnehmer und verlangt besonders günstige Konditionen	Henri Bertin & Fils 27, rue du Sentier F-75002 Paris – Fabrikant von modischen Blusen – mittelgroßes Unternehmen

a) Après avoir reçu le représentant des Éts. Henri Bertin, la Société Marina-Versand passe une commande importante portant sur trois modèles différents.

b) Les Éts. Henri Bertin accusent réception de la commande mais demandent des délais de livraison échelonnés.

c) La Société Marina-Versand répond.

I5

Lackfabriken Wiederhold
Benrather Str. 124
D-40721 Hilden

- Familienunternehmen
- starke Umsatzsteigerung in den letzten Jahren

Béranger & Talliot S.A.
12, rue du Palais
F-13007 Marseille

- Hersteller von Textverarbeitungsmaschinen
- international bekannt

a) Les Éts. Wiederhold écrivent à la Société Béranger & Talliot pour savoir s'il serait possible d'adapter ses modèles à leurs besoins spécifiques.

b) La Société Béranger & Talliot répond par l'affirmative et propose la visite d'un de ses ingénieurs.

I6

Partier S.A.
12, rue du Fbg. St. Honoré
F-75008 Paris

- renommiertes Schmuckfachgeschäft
- internationale Kundschaft

Peter Stein KG
Hunsrückstr. 14
D-55743 Idar-Oberstein

- Edelsteinschleiferei
- individuelle Fertigungen
- kleines Familienunternehmen

a) La Société Partier, qui se fournit depuis des années aux Éts. Peter Stein, a en stock depuis un certain temps un lot de pierres précieuses qu'elle n'arrive pas à écouler. Elle demande aux Éts. Peter Stein si ceux-ci n'auraient pas des clients susceptibles d'être intéressés par ces pierres.

b) Les Éts. Peter Stein répondent.

7

J. Kagel & Co.
Postfach 210
CH-7001 Chur

– Fabrikant von Abfüll-, Dosier- und Verschließmaschinen
– in der Getränkebranche bestens eingeführt

Éts. Sources Vattel
34, rue des Tilleuls
F-67100 Strasbourg

– Mineralwasser- und Fruchtsaftsektor
– beliefert hauptsächlich Gaststätten und Restaurants

a) La Société J. Kagel écrit aux Éts. Sources Vattel auxquels elle a vendu il y a plusieurs années une chaîne d'embouteillage. Elle vient de commercialiser un nouveau modèle extrêmement performant et soumet une offre.

b) Les Éts. Sources Vattel se montrent très intéressés et demandent si la Société J. Kagel reprendrait l'ancienne installation en cas d'achat et si oui, à quel prix.

c) La Société J. Kagel répond. Elle propose en outre qu'un des ingénieurs des Éts. Sources Vattel vienne voir sur place, à Chur, les nouveaux modèles.

8

Karl Hoffmann jr. KG
Talstr. 104
D-42697 Solingen

– Großhandel für Gaststättenbedarf
– Hauptvertriebsgebiet: Nordrhein-Westfalen

Éts. Pierre Dumont
16, rue du Mail
F-49000 Angers

– Hersteller von Trinkgläsern
– Massenproduktion
– in der Bundesrepublik gut eingeführt

a) La Société Karl Hoffmann passe une commande importante.

b) Les Éts. Pierre Dumont s'aperçoivent que les prix indiqués ne sont pas conformes aux tarifs.

CHAPITRE 3

Lettres de rappel et de réclamation

- Retard de livraison
- Refus d'acceptation
- Réclamation
- Retard de paiement

Mahnschreiben und Mängelrügen

- Lieferverzug
- Annahmeverzug
- Mängelrüge
- Zahlungsverzug

A1 CONDITIONS GÉNÉRALES DE VENTE

(extraits de différents types de conditions de vente)

Soulignez dans le texte allemand les passages qui vous paraissent correspondre à ceux qui sont soulignés dans le texte français.

Livraison

Les retards de livraison ne peuvent, en aucun cas, constituer un motif d'annulation de commande. Dans le cas où des pénalités de retard ont été fixées par contrat, elles ne pourront excéder 5 % de la valeur du matériel à livrer.

Réclamations

Aucune réclamation ne sera admise passé un délai de quinze jours à compter de la réception de la marchandise. Toutefois, dans le cas d'un vice caché, le délai de réclamation sera porté à deux mois.

Notre responsabilité est expressément limitée à la remise en état des marchandises reconnues par nous défectueuses, ou, à notre choix, à leur remplacement pur et simple, sans que l'acheteur puisse prétendre à d'éventuelles indemnités, notamment à des dommages et intérêts.

Nous n'acceptons aucun retour sans accord préalable.

Garantie

Le vendeur s'engage à remédier à tout vice de fabrication qui se sera manifesté dans les six mois (période de garantie). Les pièces réparées ou échangées sont garanties dans les mêmes conditions que le matériel d'origine et pour une nouvelle période de six mois. Les frais d'acheminement du matériel ou des pièces défectueuses sont à la charge de l'acheteur.

Pour pouvoir invoquer le bénéfice de ces dispositions, l'acheteur doit aviser le vendeur, sans retard et par écrit, des vices imputés au matériel. Il doit en outre s'abstenir, sauf accord exprès du vendeur, d'effectuer lui-même ou de faire effectuer par un tiers la réparation.

Les incidents résultants de l'usure normale du matériel, de détériorations ou d'accidents dus à la négligence, à un défaut de surveillance ou d'entretien ou à la mauvaise utilisation du matériel sont exclus de la présente garantie.

Paiement

Tout paiement non effectué à l'échéance prévue entraîne d'office des intérêts de retard dont le taux sera supérieur de 2 points à celui pratiqué par la Banque de France.

Le défaut de paiement d'une échéance entraîne en outre l'exigibilité du solde des autres échéances.

Contestations

En cas de contestation, le Tribunal de Commerce du siège social du vendeur sera seul compétent.

ALLGEMEINE GESCHÄFTSBEDINGUNGEN

(Auszüge aus den Geschäftsbedingungen verschiedener Firmen)

Lieferung

Falls wir in Verzug geraten, kann der Käufer — nach Ablauf einer für uns angemessenen Nachfrist — vom Vertrag zurücktreten. Schadenersatzansprüche jeglicher Art sind ausgeschlossen.

Reklamationen

Reklamationen sind nur in schriftlicher Form innerhalb von 14 Tagen nach Empfang der Ware rechtsgültig.

Für erkennbare und verborgene Mängel wird ausschließlich in der Weise Gewähr geleistet, daß wir nach unserer Wahl Fehler durch Instandsetzung oder Ersatzlieferung beseitigen. Weitergehende Ansprüche, insbesondere Schadenersatzansprüche — gleich aus welchem Rechtsgrunde — sind ausgeschlossen.

Rücksendungen dürfen nur mit unserer ausdrücklichen Genehmigung erfolgen.

Garantie

Für die gelieferten Waren leisten wir in der Weise Gewähr, daß wir Material- und Herstellungsfehler durch Instandsetzung oder Ersatz der betroffenen Teile kostenlos beheben. Die Gewährleistungsfrist beträgt sechs Monate. Für nachgebesserte Teile haften wir im gleichen Umfang wie für den ursprünglichen Liefergegenstand bis zum Ablauf der für diesen geltenden Gewährleistungsfrist. Versandkosten für schadhafte Teile gehen zu Lasten des Bestellers.

Der Besteller hat festgestellte Mängel unverzüglich anzuzeigen. Weiterhin setzt die Gewährleistung voraus, daß der Besteller sämtliche Instandsetzungsarbeiten von uns durchführen läßt.

Die Gewährleistung umfaßt nicht Mängel, die infolge fehlerhafter oder nachlässiger Handhabung entstehen.

Zahlung

Bei Überschreitung des Zahlungsziels werden Verzugszinsen berechnet, die 2 Prozent über dem jeweiligen Bundesbank-Diskont liegen.

Gerät der Käufer mit der Zahlung in Verzug, werden alle offenen Rechnungen — ohne Rücksicht auf vorangegangene Fälligkeitsvereinbarungen — zur sofortigen Zahlung ohne Abzug fällig.

Gerichtsstand

Ausschließlicher Gerichtsstand für alle sich aus diesem Vertrag und seiner Durchführung ergebenen Streitigkeiten ist Köln.

A2 LE FOURNISSEUR NE LIVRE PAS DANS LES DÉLAIS IMPARTIS

Käufer	**Verkäufer**
Bestellung	
	Auftragsbestätigung
mahnt die Lieferung an und setzt eine Nachfrist	
	begründet die Nichteinhaltung des Liefertermins
	– liefert – liefert nicht
– tritt vom Vertrag zurück *oder* – verzichtet auf Lieferung (und fordert eventuell Schadenersatz) *oder* – besteht auf der Lieferung (und fordert eventuell Schadenersatz)	
	– akzeptiert die Forderung des Käufers – akzeptiert die Forderung des Käufers nicht

A3 LES MARCHANDISES LIVRÉES DONNENT LIEU A UNE RÉCLAMATION

Käufer	**Verkäufer**
	Lieferschein — Rechnung
beanstandet die Lieferung und verlangt — Instandsetzung *oder* – Ersatzlieferung *oder* – Preisnachlaß *oder* – Rücktritt vom Vertrag	
	– weist die Beanstandung zurück – erkennt die Beanstandung an und – akzeptiert die Forderung des Käufers – akzeptiert die Forderung des Käufers nicht (und macht eventuell einen Gegenvorschlag)
nimmt Stellung	

A4 LE CLIENT NE PAIE PAS DANS LES DÉLAIS IMPARTIS

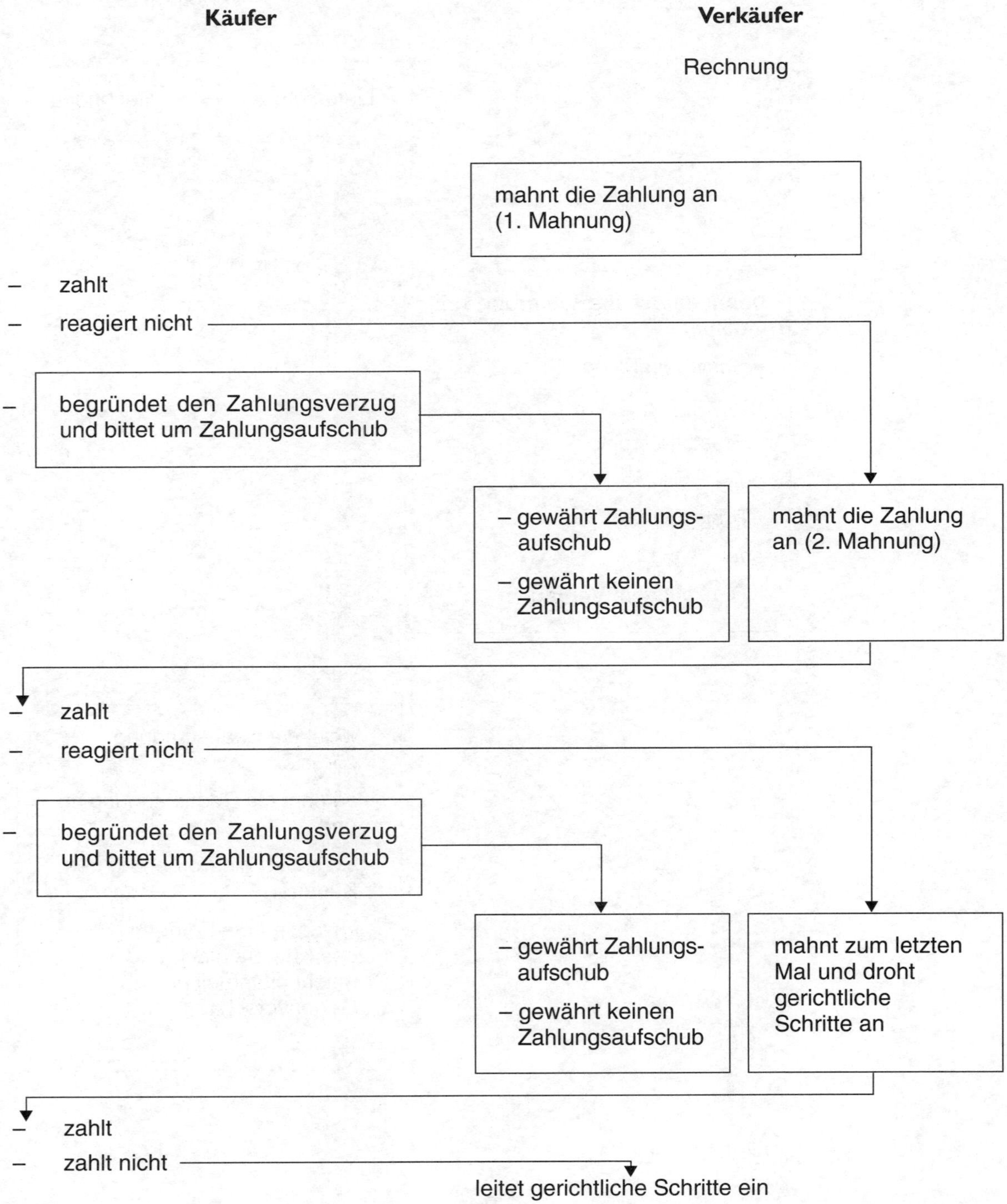

B1

Unsere Bestellung vom 09.08.19..

Sehr geehrter Herr Bauer,

am 17.08. sicherten Sie uns die Lieferung von

480 Kristallgläsern "Burgund"

bis zum 15.09. zu. Bedauerlicherweise sind diese Gläser bis heute noch nicht eingetroffen. Wir benötigen sie dringend und bitten Sie daher um sofortige Lieferung.

Sollten Sie die Gläser wider Erwarten nicht bis zum 01.10. liefern können, so bitten wir um umgehende Nachricht, damit wir uns anderweitig eindecken können.

Mit freundlichen Grüßen

B2

Unsere Bestellung vom 16.06.19..

Sehr geehrter Herr Egli,

als äußerster Liefertermin für unsere Bestellung war der 15. Sept. vorgesehen. Dieser Termin wurde uns auch durch Ihre Auftragsbestätigung vom 27. Juni zugesagt.

Nun warten wir seit zwei Wochen auf Ihre Lieferanzeige und die Lieferung der bestellten 200 Paar Alpina-Skis. So kurz vor dem Beginn der Verkaufssaison haben Sie uns in eine schwierige Lage gebracht.

Wenn die Ware nicht spätestens bis zum 15. Okt. geliefert wird, müssen wir die Annahme verweigern. In diesem Fall sind Sie für den uns entstandenen Schaden verantwortlich.

Wir hoffen sehr, daß Sie uns innerhalb dieser Nachfrist beliefern werden, um unangenehme Folgen für beide Seiten zu vermeiden, und erwarten Ihren umgehenden Bescheid.

Mit freundlichen Grüßen

E. Wenk, *Gespräche und Briefe im Handel*, Carlo Signorelli Verlag.

B3

(Réponse à la lettre précédente)

Ihre Bestellung vom 16.06.19..

Sehr geehrter Herr Kimmel,

zu unserem großen Bedauern konnten wir Ihnen die bestellten 200 Paar Skis nicht fristgerecht liefern. Wir verstehen, daß Sie dadurch jetzt in Verlegenheit sind, und bitten Sie um Entschuldigung.

Wie Sie wissen, stellen wir diese Skis aus besonders ausgewähltem Material her. Durch einen dreiwöchigen Streik in unserer Zulieferfirma erfolgte die Materialanlieferung mit Verspätung, und die Fabrikation konnte erst in der vergangenen Woche aufgenommen werden. Zum Glück haben wir durch Sonderschichten unseren Produktionsrückstand teilweise aufholen können, so daß wir am 02.10. die Hälfte Ihrer Bestellung als Eilgut abgeschickt haben. Die Mehrkosten dafür übernehmen wir.

Wir hoffen auf Ihr Verständnis, zumal Sie uns in vielen Jahren als zuverlässigen und pünktlichen Lieferer kennengelernt haben. Und auch dieses Mal ist die Lieferung nicht durch unsere Schuld verzögert worden.

Mit freundlichen Grüßen

E. Wenk, *Gespräche und Briefe im Handel*, Carlo Signorelli Verlag.

B4

Verweigerte Annahme unserer Lieferung vom 20.11.19..

Sehr geehrter Herr Rocher,

zu unserem großen Erstaunen erfahren wir von unserem Spediteur, daß Sie die Annahme unserer Sendung vom 20.11. verweigert haben. Sie hatten uns eine Nachfrist von 10 Tagen gesetzt, und wir haben den bestellten Christbaumschmuck innerhalb dieser Frist abgesandt. Wir können nicht dafür haftbar gemacht werden, daß die Sendung länger als gewöhnlich unterwegs war.

.../...

.../...

Wir müssen deshalb darauf bestehen, daß Sie den Kaufvertrag einhalten und die bestellte Ware abnehmen. Wir haben sie inzwischen auf Ihre Rechnung und Gefahr bei der Speditionsfirma Klausen in Paris untergebracht. Sollten Sie die 500 Kartons nicht innerhalb der nächsten zwei Wochen abnehmen, sind wir zum Selbsthilfeverkauf der Ware gezwungen. Für die entstandenen Kosten und einen eventuellen Mindererlös müßten wir Sie verantwortlich machen.

Wir hoffen, daß Sie es nicht so weit kommen lassen, und verbleiben
mit freundlichen Grüßen

E. Wenk, *Gespräche und Briefe im Handel*, Carlo Signorelli Verlag.

B5

(Réponse à la lettre précédente)

Ihre Lieferung vom 20. 11. 19..

Sehr geehrter Herr Wolff,

wir haben Ihren Einschreibebrief vom 30.11.19.. erhalten. Auf Rat unseres Rechtsanwaltes müssen wir leider die Annahme Ihrer obigen Sendung auch weiterhin verweigern. Bei der Bestellung hatten wir ausdrücklich vermerkt, daß wir den Christbaumschmuck bis spätestens 15.11. benötigen. Sie wissen ebenso wie wir, daß der Güterverkehr zu dieser Zeit nur schleppend vor sich geht.

Deshalb hätten Sie die Ware, mit deren Lieferung Sie schon in Verzug waren, als Expreßgut aufgeben müssen. So hätten wir sie wenigstens noch zu Beginn der Verkaufssaison erhalten. Durch Ihr Verschulden haben wir unseren Bedarf in der Zwischenzeit anderweitig decken müssen, was um diese Zeit nicht leicht war.

Für den uns entstandenen Schaden müssen wir Sie verantwortlich machen. Unsere Buchhaltung wird Ihnen in den nächsten Tagen eine entsprechende Belastungsanzeige zuschicken.

Mit freundlichen Grüßen

E. Wenk, *Gespräche und Briefe im Handel*, Carlo Signorelli Verlag.

B6

Ihre Lieferung vom 30.05.19

Sehr geehrter Herr Martin,

die Gartenstühle Nr. 24/15 sind heute bei uns eingetroffen. Anscheinend war die Farbe noch frisch, als sie verpackt wurden. An fünf Stühlen ist sie verschmiert und fühlt sich noch jetzt teilweise feucht an, und an zwei weiteren ist das Verpackungspapier festgeklebt und läßt sich nicht lösen, ohne den Anstrich zu beschädigen.

Diese 7 Stühle sind in ihrem augenblicklichen Zustand unverkäuflich.

Um Ihnen die Kosten für den Rückversand zu ersparen, wären wir bereit, die Stühle zu behalten, wenn Sie uns einen entsprechenden Nachlaß gewähren.

Bitte, teilen Sie uns mit, wie Sie sich entschieden haben.

Mit freundlichen Grüßen

Gladigau/Thiel, *Gutes Deutsch, gute Briefe*, Westermann Verlag.

B7

(Réponse à la lettre précédente)

Ihre Beanstandung vom 04.06.19..

Sehr geehrte Frau Brinkmann,

es tut uns leid, daß Sie mit unserer Lieferung vom 30. Mai nicht zufrieden sind. Da Sie am 28. Mai nochmals dringend um sofortigen Versand baten, haben wir die Stühle beschleunigt abgeschickt. Nur so ist es zu erklären, daß die beschriebenen Mängel entstanden sind. Bitte entschuldigen Sie den unangenehmen Vorfall.

Wir sind damit einverstanden, daß Sie die Stühle auf unsere Kosten streichen lassen, und erteilen Ihnen außerdem eine Gutschrift über 10 % des Netto-Rechnungsbetrages.

Wir hoffen, damit die Angelegenheit in Ihrem Sinne geregelt zu haben, und werden uns bemühen, Ihre künftigen Bestellungen besonders sorgfältig auszuführen.

Mit freundlichen Grüßen

Gladigau/Thiel, *Gutes Deutsch, gute Briefe*, Westermann Verlag.

B8

Ihre Beanstandung vom 17.12.19..

Sehr geehrter Herr Buchner!

Die Schäden an den 10 Kesseln sind uns unerklärlich. Jeder Kessel ist vor dem Versand eingehend geprüft und dann fachmännisch verpackt worden. Die Beschädigung kann daher nur durch unsachgemäße Behandlung während des Transports entstanden sein. Für diese Auffassung spricht auch die Tatsache, daß nicht alle Kessel beschädigt sind.

Wir müssen Ihnen also leider mitteilen, daß wir für den entstandenen Schaden nicht aufkommen können, da uns hier offensichtlich kein Verschulden trifft. Wir empfehlen Ihnen, Ersatzansprüche bei der Deutschen Bundesbahn zu stellen.

Bitte teilen Sie uns mit, ob wir 10 Kessel nachliefern sollen.

Mit freundlichen Grüßen

Braun/Preiß/Pflips, Der kaufmännische Schriftverkehr, Merkur Verlag.

B9

Ihre Lieferung vom 21.10.19..

Sehr geehrte Frau Weber,

bei der Überprüfung Ihrer obigen Sendung mußten wir leider feststellen, daß sieben der gelieferten Zweimannzelte schadhaft sind. Die Zeltplanen weisen an verschiedenen Stellen kleine Löcher auf.

Unser Haus ist als Lieferant von erstklassiger Ware bekannt, und wir können keine schadhaften Zelte verkaufen.

Teilen Sie uns bitte mit, was wir mit diesen Zelten machen sollen.

Mit freundlichen Grüßen

E. Wenk, Gespräche und Briefe im Handel, Carlo Signorelli Verlag.

B10

(Réponse à la lettre précédente)

Ihre Beanstandung vom 23.10.19..

Sehr geehrter Herr Mallard,

es tut uns außerordentlich leid, daß unsere letzte Lieferung zu Beanstandungen Anlaß gegeben hat.

Wir schlagen Ihnen vor, daß Sie die schadhaften Zelte gegen einen Preisnachlaß von 50 % behalten und sie eventuell als zweite Wahl verkaufen. Sollte Ihnen dies nicht möglich sein, so bitten wir Sie, die Ware auf unsere Kosten an uns zurückzusenden.

Wir lassen noch heute einwandfreie Ersatzware an Sie abgehen und möchten Sie für die Ihnen entstandenen Unannehmlichkeiten entschädigen, indem wir Ihnen 5 % Sonderrabatt auf Ihre nächste Bestellung gewähren.

Mit freundlichen Grüßen

B11

Unsere Rechnung Nr. 5972

Sehr geehrte Damen und Herren,

sicher haben Sie übersehen, daß unsere Rechnung vom 18.04.19.. über DM 203,50 fällig, aber noch nicht beglichen ist.

Bitte haben Sie die Freundlichkeit, das kleine Versehen in Ordnung zu bringen und den Betrag in den nächsten Tagen zu überweisen. Besten Dank im voraus für eine schnelle Erledigung.

Mit freundlichen Grüßen

B12

Unsere Rechnungen Nr. 476, 587, 721

Sehr geehrte Damen und Herren,

anbei übersenden wir Ihnen unseren Kontoauszug vom 30. 10. 19.., der einen Saldo von DM 4.824,— zu unseren Gunsten aufweist.

Wir sind erstaunt, seit der Zusendung unseres letzten Auszuges keinerlei Zahlungen von Ihnen erhalten zu haben. Da es sich um längst überfällige Rechnungen handelt, bitten wir Sie ebenso höflich wie dringend um die Begleichung des offenstehenden Betrages bis zum 10.11.19...

Wir machen Sie darauf aufmerksam, daß wir ab diesem Termin Verzugszinsen in Höhe von 1,2 % pro Monat berechnen müssen.

Für Ihre umgehende Zahlung danken wir Ihnen im voraus und verbleiben

mit freundlichen Grüßen

B13

Unsere Rechnung vom 11.08.19..

Sehr geehrter Herr Rinser,

wir stellen fest, daß unsere obige Rechnung über DM 1.232,— immer noch offensteht, obwohl sie bereits am 11.09.19.. fällig war und wir Sie mit unseren Schreiben vom 28.09. und 20.10. an die Begleichung des Betrages erinnert hatten.

Wir sind sehr erstaunt, daß bisher keine Zahlung erfolgt ist und wir auch keine Antwort auf unsere Schreiben erhalten haben.

Da auch wir unseren Zahlungsverpflichtungen nachkommen müssen, bleibt uns nichts anderes übrig, als Ihnen eine letzte Frist bis zum 20.11.19.. zu

.../...

.../...

setzen. Nach Ablauf dieser Frist lassen wir den Rechnungsbetrag zuzüglich 8 % Verzugszinsen durch unseren Rechtsanwalt einziehen, wobei die entstehenden Kosten selbstverständlich zu Ihren Lasten gehen.

Wir hoffen, daß Sie diesen für beide Seiten unangenehmen Schritt durch eine umgehende Zahlung vermeiden.

Mit freundlichen Grüßen

B14

Ihre Rechnung Nr. 21/354

Sehr geehrter Herr Gruner,

Als Abschlagszahlung auf Ihre obige Rechnung haben wir heute DM 1.530,— auf Ihr Konto bei der Deutschen Bank überwiesen.

Wir bedauern sehr, die Rechnung im Augenblick nicht in voller Höhe begleichen zu können. Erfahrungsgemäß steigen in den Herbstmonaten in unserer Branche die Umsätze. In diesem Jahr hat die zunehmende Arbeitslosigkeit in unserer Region dagegen zu einem Umsatzrückgang geführt.

Allerdings ist für die Weihnachtszeit ganz sicher mit einer Belebung des Geschäfts zu rechnen. Wir bitten Sie daher, uns die Restschuld von DM 2.000,— zu stunden und mit folgenden Ratenzahlungen einverstanden zu sein:

DM 1.000,— am 20.12.19..
DM 1.000,— am 15.01.19..

Da wir unseren Verpflichtungen bisher immer pünktlich nachgekommen sind, hoffen wir auf Ihre Zustimmung.

Mit freundlichen Grüßen

Braun/Preiß/Pflips, *Der kaufmännische Schriftverkehr*, Merkur Verlag.

C1 J'EXPRIME MON MÉCONTENTEMENT / MA DÉCEPTION / MON ÉTONNEMENT. J'EXPRIME DES REGRETS, JE PRÉSENTE DES EXCUSES.

Lettre n°

1 Malheureusement

....

3 A notre grand regret

....

Nous vous prions de bien vouloir nous excuser

....

4 A notre grand étonnement, nous apprenons que ...

....

5 Malheureusement

....

7 Nous regrettons que ...

....

Nous vous prions de bien vouloir nous excuser de cet incident fâcheux

....

8 Nous sommes au regret de vous informer que ...

....

9 Malheureusement

....

10 Nous regrettons vivement que ...

....

12 Nous sommes étonnés de n'avoir pas reçu ...

....

13 Nous sommes très étonnés que ...

....

14 Nous regrettons vivement que ...

....

C2 JE CONSTATE QUELQUE CHOSE, JE RAPPELLE QUELQUE CHOSE.

Lettre n°

1 Vous nous aviez promis la livraison avant le ...

....

Les marchandises ne nous sont pas encore parvenues

....

2 Le dernier délai pour la livraison était fixé au ...

....

Ce délai nous avait été garanti

....

3 Nous n'avons pas été en mesure de vous livrer les ... dans les délais convenus

....

....

4 Nous apprenons que ...

....

Vous nous aviez fixé un délai de ...

....

5 Nous avons bien reçu votre lettre recommandée du ...

....

Nous avions expressément signalé que ...

....

6 La livraison nous est parvenue aujourd'hui

....

7 Vous nous aviez demandé une livraison immédiate

....

9 En examinant votre livraison nous avons dû constater que ...

....

***Lettre n°* 11** Vous avez certainement oublié que ...

....

13 Nous constatons que ...

....

Par notre lettre du ... nous vous avions rappelé que ...

....

C3 JE PRIE QUELQU'UN DE FAIRE QUELQUE CHOSE, J'EXIGE QUELQUE CHOSE, JE FIXE UN DÉLAI, JE FORMULE DES CONDITIONS.

Lettre n°

1 Nous avons besoin au plus vite de ...

....

Nous vous demandons une livraison immédiate

....

Si vous ne pouviez livrer avant le ...

....

Nous vous prions de bien vouloir nous aviser par retour du courrier

....

....

2 Si la marchandise n'était pas livrée avant le ... nous serions obligés de ...

....

....

4 Nous devons donc exiger que ...

....

Si vous refusiez de prendre possession de la marchandise, nous serions contraints de ...

....

....

Lettre n° 6 Nous serions disposés à garder ces articles si vous nous accordiez une remise

....

....

Veuillez nous faire connaître votre décision

....

....

8 Veuillez nous faire savoir si ...

....

9 Veuillez nous faire savoir ...

....

10 Veuillez nous retourner les articles à nos frais

....

11 Veuillez avoir l'obligeance de ...

....

12 Nous vous prions de bien vouloir régler le montant dû avant le ...

....

Nous vous signalons qu'après cette date nous devrons vous facturer des intérêts de retard

....

....

13 Nous devons vous fixer un dernier délai au ...

....

Passé ce délai, nous ferons recouvrer ce montant par les soins de ...

....

....

14 Nous vous prions de bien vouloir nous accorder un délai de paiement pour le solde

....

....

C4 J'ATTRIBUE LA RESPONSABILITÉ DE QUELQUE CHOSE A QUELQU'UN.

Lettre n°

2 Vous serez tenu pour responsable du préjudice subi par nous

....

3 Si la livraison a subi un retard, ce n'est pas de notre fait

....

4 Nous ne pouvons pas être tenus pour responsable du fait que ...

....

Vous seriez tenu pour responsable des préjudices subis par nous

....

Nous devons vous rendre responsable du préjudice subi par nous

....

8 Nous ne pouvons répondre de ce préjudice

....

Il ne nous incombe aucune responsabilité

....

D1 EXPRIMER SON MÉCONTENTEMENT / SA DÉCEPTION / SON ÉTONNEMENT, EXPRIMER SES REGRETS, PRÉSENTER DES EXCUSES

a) Leider b) Bedauerlicherweise c) Zu unserem (großen) Bedauern	konnten wir nicht früher liefern. haben wir die Ware noch nicht erhalten.
d) Wir bedauern	diese Verzögerung. , daß Sie nicht rechtzeitig geliefert haben. , zur Zeit nicht liefern zu können.

e) Zu unserem (großen) Erstaunen f) Zu unserer (großen) Überraschung g) Zu unserer (großen) Enttäuschung	haben wir die Ware noch nicht erhalten.
h) Wir sind (sehr) erstaunt i) Wir sind (sehr) überrascht j) Wir sind (sehr) enttäuscht	über diese Verzögerung. , daß Sie nicht rechtzeitig geliefert haben. , die Waren noch nicht erhalten zu haben.

k) Entschuldigen Sie bitte / Bitte entschuldigen Sie	die Verzögerung. , daß wir nicht .rechtzeitig liefern konnten.
l) Wir bitten um Entschuldigung	für die Verzögerung. , daß Sie die Ware nicht früher erhalten haben.

Complétez les phrases ci-dessous en utilisant les expressions précédentes.

1. ..., daß die Lieferung bisher noch nicht eingetroffen ist.

2. ... können die bestellten Waren erst in 3 Wochen geliefert werden.

3. ..., die für den 10.11. zugesagte Lieferung noch nicht erhalten zu haben.

4. ..., Ihnen mitteilen zu müssen, daß wir die bestellte Maschine nicht termingerecht fertigstellen können.

5. ... können wir die Waren erst nach Erhalt des Rechnungsbetrages liefern.

6. ... das verspätete Eintreffen der Lieferung.

7. ... müssen wir feststellen, daß die Ware erhebliche Mängel aufweist.

8. ... über die unsachgemäße Verpackung der Ware.

9. Nach eingehender Prüfung der gelieferten Kessel mußten wir ... gravierende Materialfehler feststellen.

10. Bei der Durchsicht unserer Bücher mußten wir ... feststellen, daß die am 01.01.19.. fällige Rechnung noch nicht beglichen ist.

11. ..., daß der uns in Rechnung gestellte Preis 5 % über dem Listenpreis liegt.

12. ..., daß die uns gelieferte Ware zu Beanstandungen Anlaß gibt.

13. ... müssen wir beanstanden, daß die Ware mit dem uns überlassenen Muster nicht übereinstimmt.

14. ... fehlen 20 Stück der Position 3.

15. ..., die mangelnde Sorgfalt bei der Zusammenstellung der Lieferung beanstanden zu müssen.

16. ..., Ihre Beanstandung zurückweisen zu müssen.

17. Für nach diesem Termin gelieferte Waren müssen wir ... die Annahme verweigern.

18. ..., daß Sie Ihre Bestellung widerrufen.

19. Wir sind daher ... gezwungen, die Ware auf Ihre Kosten an Sie zurückzuschicken.

20. ... für die Ihnen entstandenen Unannehmlichkeiten.

21. ... für unser Versehen.

D2 PRÉCISER L'OBJET DE LA RÉCLAMATION

A. Qualité du produit

1. Quel produit peut avoir quel défaut ?

die Maschine	ungenießbar
Textilien (Pl.)	porös
das Glas	verbogen
Lebensmittel (Pl.)	zerrissen
das Papier	defekt
Metallwaren (Pl.)	feucht
der Kunststoff	zerbrochen
das Leder	zerkratzt
das Gummi	durchlöchert
	verrostet
	verdorben

2. Choisissez les adjectifs qui conviennent.

schadhaft farbgetreu beschädigt tadellos mustergetreu
unverkäuflich fehlerhaft
einwandfrei mangelhaft unbeschädigt

a) Leider ist die gelieferte Ware ....

....

....

....

....

b) Die Ware muß absolut .... sein.

....

....

....

....

→

3. ***Ein Produkt ist schadhaft/fehlerhaft:***

Die gelieferte Ware Die Maschine	weist	Fehler Schäden Beschädigungen	auf.
An der Ware An der Maschine	werden		festgestellt.

4. ***Eine Maschine funktioniert nicht richtig:***

An der Maschine	sind	Störungen	aufgetreten.

B. Les délais ne sont pas respectés

1. ***Dans une lettre de réclamation :***

- Sie haben leider die vereinbarte/zugesagte/vorgesehene Lieferfrist nicht eingehalten.
- Sie haben leider nicht pünktlich/fristgerecht geliefert/gezahlt.
- Ihre Lieferung/Zahlung steht noch aus.
- Sie sind mit der Lieferung/Zahlung im Verzug.
- Ihre Lieferung/Zahlung ist immer noch nicht eingegangen.
- Der Rechnungsbetrag ist seit dem ... fällig.

2. ***Dans une réponse à une lettre de réclamation :***

- Die Lieferung/Zahlung erfolgte bereits am ...
- Die Lieferung/Zahlung wird spätestens bis zum ... erfolgen.
- Die Lieferung/Zahlung hat sich verzögert, weil ...
- Wir waren leider nicht in der Lage, die vereinbarte Lieferfrist/ Zahlungsfrist einzuhalten.
- Infolge ... sind wir leider außerstande, fristgerecht zu liefern/zahlen
- Wir können leider unseren Lieferverpflichtungen/ Zahlungsverpflichtungen nicht nachkommen.
- Die Waren sind inzwischen versandbereit.
- Die Waren sind am ... an Sie abgegangen.
- Die Lieferung ist bereits unterwegs.
- Wir haben die Waren am ... unserem Spediteur zum Versand übergeben.
- Der Betrag wurde bereits am ... auf Ihr Konto bei der Bank ... überwiesen.
- Wir haben unsere Bank bereits angewiesen, den Rechnungsbetrag an Sie zu überweisen.

Wir bitten Sie,

- den Fehler umgehend zu beheben.
- die notwendigen Reparaturarbeiten innerhalb von 10 Tagen durchführen zu lassen.
- die schadhaften Waren so bald wie möglich abholen zu lassen.
- die Instandsetzung umgehend von einem Ihrer Techniker vornehmen zu lassen.
- uns einen entsprechenden Preisnachlaß zu gewähren.
- uns 20 % des Rechnungsbetrages gutzuschreiben.
- für die fehlerhafte Ware unverzüglich Ersatz zu leisten.
- Ihren vertraglichen Verpflichtungen unverzüglich nachzukommen.
- diese Nachfrist unbedingt einzuhalten.

Wir bitten Sie um

- eine entsprechende Ermäßigung des Rechnungspreises.
- Minderung des Rechnungspreises um 10 %.
- Ersatz für die beschädigte Ware.
- Ersatzlieferung bis zum …
- Entsendung eines Monteurs.
- Gutschrift der uns entstandenen Kosten.
- die Übernahme der dadurch entstehenden Mehrkosten.
- unverzügliche Begleichung des Rechnungsbetrages.

Wir bestehen auf

- kostenlosem Umtausch der schadhaften Artikel.
- der sofortigen Lieferung/Bezahlung.
- der Einhaltung des Vertrages.
- der unverzüglichen Erfüllung der vertraglichen Bestimmungen.
- der vertragsgemäßen Abnahme der Waren.
- Zahlung einer angemessenen Entschädigung.

Formulez maintenant les exigences indiquées ci-dessus selon ces modèles. Choisissez la conséquence appropriée.

Wenn Sie nicht in der Lage sein sollten, ... zu ...,

Sollten Sie nicht in der Lage sein, ... zu ...,

Wenn Sie .....nicht .....,

Sollten Sie .....nicht ..,

müssen wir Sie für den entstandenen Schaden haftbar machen.

werden wir uns gezwungen sehen, gerichtliche Schritte gegen Sie einzuleiten.

werden wir Ihnen Verzugszinsen berechnen müssen.

werden wir Ihnen die Waren zur Verfügung stellen.

werden wir die Reparatur auf Ihre Kosten durchführen lassen.

müssen wir Ihnen Lagerkosten berechnen.

werden wir auf die Lieferung verzichten.

Exemple:
Wenn Sie nicht in der Lage sein sollten, den Fehler umgehend zu beheben, werden wir die Reparatur auf Ihre Kosten durchführen lassen.

D4

Vous pouvez vous assurer maintenant que vous avez bien assimilé les formules utilisées dans les lettres de réclamation ainsi que dans les réponses à celles-ci. Vous trouverez ci-dessous les expressions allemandes correspondantes, mais attention : elles ne sont pas dans le bon ordre.

1. Vous êtes responsable du préjudice que nous avons subi.

....

2. Nous vous compterons des intérêts de retard.

....

3. à notre grand regret

....

4. Nous vous prions de bien vouloir faire enlever les marchandises au plus tôt.

....

5. livrer les marchandises dans les délais impartis

....

6. présenter des défauts importants

....

7. un emballage non approprié à la marchandise

....

8. Après un contrôle minutieux de la marchandise ...

....

9. La vérification de nos livres fait apparaître ...

....

10. La facture était payable le ...

....

11. Nous avons dû constater que ...

....

12. annuler une commande

....

13. Nous vous retournerons les articles en question à vos frais.

....

14. La marchandise est déjà en route.

....

15. Vous n'avez pas respecté le délai de livraison convenu.

....

16. Vous avez dépassé le délai de livraison.

....

17. respecter ses engagements

....

18. Le montant a déjà été viré au crédit de votre compte.

....

19. remédier à un défaut

....

20. Veuillez nous créditer des deux tiers du montant de la facture.

....

21. les frais ainsi occasionnés

....

22. échanger gratuitement les articles défectueux

....

23. Les articles ne nous sont pas encore parvenus.

....

24. pour éviter de tels désagréments

....

a) Sie sind mit der Lieferung im Verzug.
b) Wir werden die betreffenden Artikel auf Ihre Kosten zurücksenden.
c) Nach eingehender Prüfung der Ware ...
d) eine unsachgemäße Verpackung der Ware
e) seinen Verpflichtungen nachkommen
f) Die Ware ist noch nicht eingetroffen.
g) die Ware termingerecht/fristgerecht liefern
h) Sie sind für den uns entstandenen Schaden haftbar.
i) zu unserem großen Bedauern
j) Wir mußten feststellen (haben feststellen müssen), daß ...
k) Sie haben die vereinbarte Lieferfrist nicht eingehalten.
l) erhebliche/beträchtliche/gravierende Mängel aufweisen
m) Wir werden Ihnen Verzugszinsen berechnen.
n) einen Schaden/Fehler beheben
o) die schadhaften/fehlerhaften Artikel kostenlos umtauschen
p) um derartige Unannehmlichkeiten zu vermeiden
q) Bei Durchsicht unserer Bücher stellen wir fest, ...
r) Wir bitten Sie, die Ware so bald wie möglich abholen zu lassen.
s) Die Rechnung war am ... fällig.
t) Die Lieferung ist bereits unterwegs.
u) eine Bestellung widerrufen (rückgängig machen)
v) Der Betrag ist bereits auf Ihr Konto überwiesen worden.
w) die dadurch/daraus entstehenden/entstandenen Kosten
x) Bitte schreiben Sie uns zwei Drittel des berechneten Betrages gut.

E

Dans cet exercice apparaissent non seulement des termes developpés dans les lettres précédentes mais aussi d'autres expressions souvent utilisées dans la correspondance commerciale. Choisissez le terme exact.

1. Wir setzen/stellen/fügen Ihnen die dadurch anfallenden Mehrkosten in/auf/für Rechnung.
2. Bitte sorgen Sie dafür/daran/darauf, daß die Ware in der Zeit/rechtzeitig/zur Zeit bei uns eintrifft.
3. Sie hatten uns diesen Termin fest gesichert/versichert/zugesagt.
4. Wir sind mit Ihrem Vorschlag einig/einstimmig/einverstanden.
5. Durch Mangel von/an/aus Rohstoffen sind wir leider in Lieferverzug gefunden/geraten/geworden.
6. Wir haben festgestellt/festgesetzt/festgelegt, daß unsere Rechnung vom ... noch nicht ausgezahlt/beglichen/geglichen ist.
7. Der Verzug ist auf höhere Gewalt zurückgeführt/zurückzuführen/zu verursachen.
8. Wir haben die Waren durch/wie/als Expreßgut an Sie abgesandt.
9. Wir setzen/stellen/rechnen Ihnen eine Nachfrist von 10 Tagen.
10. Wir bitten Sie, die schadhafte Ware umgehend umzutauschen/ umzuwechseln/umzuändern.
11. Wir übernehmen/ertragen/gewähren die Transportkosten.
12. Die Waren wurden innerhalb des vereinbarten Termins/der vereinbarten Frist/des vereinbarten Datums abgesandt.
13. Anderswo/Anderweitig/Andernfalls müssen wir Sie für den entstandenen Schaden verantwortungsvoll/schadhaft/haftbar machen.
14. Teilen Sie uns bitte mit, welche Schritte/Maße/Entschlüsse Sie unternehmen wollen.
15. Senden Sie die Ware bitte auf unsere Kosten/Lasten/Belastung zurück.
16. Würden Sie uns bitte telefonisch hinweisen/verständigen/erledigen, sobald die Ware holbar/schickbar/versandbereit ist.
17. Wir werden die Zahlung/das Zahlungsziel/die Zahlungen nicht einhalten können.
18. Wir nehmen/berechnen/rechnen Ihnen die banküblichen Verzugszinsen von der Höhe/auf der Höhe/in Höhe von 8 %.
19. Wir bitten um Überweisung der Summe auf unser/auf unseres/an unser Konto.
20. Wir würden es bedauern, gerichtliche Schritte einleiten/einführen/anfangen zu müssen.
21. Sollte der Betrag nicht bis zum ... eingetreten/überwiesen/eingegangen sein, so ...
22. Wir bitten um unverzögerte/unverzügliche/sofortigste Überweisung des Betrages.
23. Da Sie trotz vielfältiger/öfter/mehrfacher Mahnung bisher nicht gezahlt haben, sind wir gezwungen, ...

24. Unsere Rechnung vom ... steht noch offen/auf/aus.

25. Sicherlich haben Sie übersehen/versehen/übergesehen, daß unsere Rechnung vom ... noch nicht beglichen ist.

26. Andernfalls müßten wir den Betrag gerichtlich einholen/einziehen/eingehen lassen.

27. Wir sehen Ihrer umgehenden Stellung/Stellungnahme/Stelle gerne entgegen/voraus/zu.

28. Wir bitten Sie um Guthaben/Wiedergutmachung/Gutschrift der uns entstandenen/eingetretenen/vorgekommenen Kosten.

29. Wir müssen daran/darüber/darauf bestehen, daß Sie die vereinbarten Fristen einhalten/erfüllen/halten.

30. Wir hoffen, daß Sie für unsere Lage Verstehen/Verständnis/Verstand haben werden.

31. Wir bitten Sie, die Schäden an/auf/bei Ort und Stelle abschaffen/beheben/berichtigen zu lassen.

32. Wir bedauern, Ihre Beanstandung zurückweisen/verweigern/weigern zu müssen.

33. Da die Lieferung auf Ihre/auf Ihrer/an Ihre Gefahr erfolgte, empfehlen wir Ihnen, eventuelle Schadenersatzansprüche bei der Speditionsfirma geltend zu machen/zu vergelten/aufzufordern.

34. Wir bitten Sie, uns den Differenzbetrag überzuweisen/zu überweisen/überzusenden.

F1

Cette lettre ne comporte ni majuscules, ni ponctuation, ni paragraphes. Présentez-la correctement.

sehr geehrter herr breuer wie wir von unserem spediteur erfahren konnten die bei ihnen bestellten ersatzteile für die maschine xb 345 nicht zum vereinbarten zeitpunkt verladen werden da sie nicht zum transport bereitgestellt worden waren wir können uns ihr verhalten nicht erklären denn sie selbst haben uns den kurzfristigen liefertermin vorgeschlagen und in ihrer auftragsbestätigung zugesichert da wir ohne die bestellten ersatzteile den produktionsablauf nicht aufrechterhalten können was wiederum lieferverzögerungen für unsere kundschaft nach sich zieht bitten wir sie uns diese teile umgehend jedoch spätestens bis zum 17 juli zugehen zu lassen sollten sie innerhalb dieser nachfrist nicht liefern so müßten wir sie für den uns entstehenden schaden voll verantwortlich machen wir hoffen daß sie diese nachfrist einhalten werden und verbleiben mit freundlichen grüßen

F2

Cette lettre ne comporte ni majuscules, ni ponctuation, ni paragraphes. Présentez-la correctement.

sehr geehrter herr bresson wir bedauern den von ihnen gemeldeten vorfall sehr und bitten sie diesen uns sehr unangenehmen lieferverzug zu entschuldigen in unserer fertigungsabteilung ist es zu unvorhersehbaren personalausfällen gekommen die trotz überstunden leider zu einem gewissen produktionsrückstand geführt haben wir haben alles daran gesetzt die von ihnen benötigten teile so schnell wie möglich fertigzustellen und werden sie noch heute als expreßgut an sie absenden die dadurch entstehenden mehrkosten gehen selbstverständlich zu unseren lasten wir hoffen daß dieser vorfall unsere guten geschäftsbeziehungen nicht beeinträchtigen wird und verbleiben mit freundlichen grüßen

F3

Présentez cette lettre correctement.

sehrgeehrterherrbertindieam19märzbestelltenkindermöbelsindheutebeiunseinget roffenbeimauspackenderwaremußtenwirjedochfeststellendaßdiemöbelinbezugauf verarbeitungundlackierungbeträchtlichemängelaufweisendietischesindfalschmont iertundwackelndaherunddarüberhinaussindbeiallenartikelnlackfehlerfestzustellen dawiralsfachgeschäftbeiunsererkundschaftguteingeführtsindundallgemeindenrufg enießeneinwandfreiequalitätzuführensindwiraußerstandediesemöbelzuverkaufen wirstellensieihnendaherzurverfügungundbittensiesiesoschnellwiemöglichabholen zulassenmitfreundlichengrüßen

F4

Dans cette lettre se sont glissées 6 fautes (mots manquants, mots de trop, mots inappropriés). Corrigez-les.

Sehr geehrter Herr Franzke,

wir sind über Ihre Beanstandung vom 16.05. sehr erstaunt und können Sie uns erklären, da weder bei der Fertigungskontrolle noch bei der Endüberprüfung irgendwelche Mängel festgestellt wurden.

Bevor wir jedoch unseren Spediteur nicht damit beauftragen, die Waren bei Ihnen abzuholen, bitten wir Sie, zu überlegen, ob die Kosten für den Rückversand nicht dadurch gespart werden könnten, daß Sie die Artikel im Rahmen eines Sonderangebotes zu erheblich erhöhten Preisen absetzen.

In diesem Falle wären wir bereit, Ihnen auf die gesamte Bestellung einen einmaligen Sonderrabatt in Höhe von 35 % zu gewähren.
Bitte teilen Sie uns Ihre Entschließung umwendend mit.

Mit freundlichen Grüßen

F5

Dans cette lettre se sont glissées 6 fautes (mots manquants, mots de trop, mots inappropriés). Corrigez-les.

Sehr geehrter Herr Franzke,

wir beziehen uns auf unser morgiges Telefongespräch. Selbstverständlich können wir Ihre Argumente kaum verstehen und gehen daher gerne auf Ihren Vorschlag ein.

Wir sind also damit einig, daß Sie die Schäden an den Möbeln in einer Schreinerei Ihrer Wahl beheben lassen und uns die anfallenden in Rechnung stellen, soweit diese 35 % des Warenwertes nicht überschreiten.

Außerdem senden Sie einen der Tische an uns zurück, damit wir hier an Ort und Platz überprüfen können, wie es zu diesen — uns sehr peinlichen — Mängeln kommen konnte.

Für die Ihnen entstandenen Unannehmlichkeiten erteilen wir Ihnen eine Gutschrift über 8 % des Rechnungsbetrages.

Wir hoffen, diese Angelegenheit damit in unserem Sinne geregelt zu haben, und verbleiben

mit freundlichen Grüßen

F6

Dans ce texte, les phrases et éléments de phrase figurent dans le désordre. Reconstituez la lettre. (Attention : en fin de ligne, la ponctuation a été supprimée.)

Wir überweisen Ihnen daher eine Abschlagszahlung in Höhe von DM 12.000,—

Wir müssen Ihnen leider mitteilen, daß wir zur Zeit nicht in der Lage sind, Ihre Rechnung Nr. 8294 über DM 30.000,— in voller Höhe zu begleichen

Sehr geehrter Herr Arnaud

Wir hoffen, daß Sie für unsere Lage Verständnis zeigen werden, und verbleiben

Wie Sie wissen, hat das Wetter in den letzten Monaten die Leute kaum dazu veranlaßt, Sonnenschirme zu kaufen

Anfang Juni beteiligen wir uns allerdings an einer großen Sonderaktion im Rahmen der Freiburger “Freizeit-Woche”

und bitten Sie, für den Restbetrag das Zahlungsziel bis Ende Juni zu verlängern

so daß wir von Ihrer letzten Lieferung erst 200 Stück absetzen konnten

mit freundlichen Grüßen

und wir sind sicher, daß dabei das Gartenmöbelgeschäft wieder in Schwung kommt

F7

Complétez cette lettre en utilisant les éléments de phrase a-j.

Sehr geehrter Herr Bleicher,

wir bedauern sehr, ...

.... und ....

.... Allerdings sind auch wir sicher, ...

....

Wir sind gerne bereit, ...

.............................., müssen jedoch in diesem Falle ....

.... Sie werden sicherlich

Verständnis dafür haben, ...

.... und ....

....

Wir erwarten also ....

.... und spätestens bis 30.07.19.. ....

....

Für Ihre Sonderaktion ....

....

Mit freundlichen Grüßen

a) Ihre Abschlagszahlung in Höhe von DM 12.000,—

b) wünschen wir Ihnen viel Erfolg

c) daß mit Eintreffen des guten Wetters die Verkaufszahlen rapide ansteigen werden

d) daß auch wir unseren Verpflichtungen nachkommen müssen

e) unseren Kunden keine zinslosen Kredite gewähren können

f) unsere Produkte nicht den gewünschten Absatz finden

g) den Restbetrag von DM 18.000,— zuzüglich 7 % Verzugszinsen

h) die banküblichen Zinsen in Höhe von 7 % berechnen

i) daß sich die Sommersaison so schlecht anläßt

j) Ihnen eine Verlängerung des Zahlungsziels um zwei Monate zu gewähren

F8

Présentez cette lettre correctement.

sehrgeehrtedamenundherrensiehabenam12august1000meterkupferkabelspezifik ationAB5bestelltundunsausdrücklichumlieferungbiszum1509gebetenderversande rfolgteam1009andievonihnenangegebenelieferadressevonunseremspediteurderf amaxengelmannhamburgerfahrenwirsoebendaßsiedieannahmeunserersendungv erweigerthabenwirkönnenunsdieseannahmeverweigerungnichterklärenundbittens ieunsumgehendihregründedafürmitzuteilensolltenwirbiszum3009keinenachrichtv onihnenerhaltenhabenmüßtenwirunserenspediteuranweisendiewareanderweitigz uveräußernindiesemfallgehensowohldiekostenfürdieeinlagerungalsauchderevent uellemindererlöszuihrenlastenwirhoffenjedochdaßessichhierbeilediglichumeinmiß verständnishandeltundsehenihrerstellungnahmeentgegenmitfreundlichengrüßen

F9

A l'aide des phrases, reconstituez 2 lettres.

Daher kann uns kein Verschulden treffen.

Sehr geehrter Herr Brun,

Sehr geehrter Herr Bär!

Wir bitten Sie daher um sofortige Ersatzlieferung.

Mit freundlichen Grüßen

Die Kaffeekannen waren wie immer fachmännisch verpackt.

Ihre letzte Porzellanlieferung ist heute bei uns eingetroffen.

Wir bedauern, daß ein Teil der Ware nicht in einwandfreiem Zustand bei Ihnen eingetroffen ist, müssen jedoch Ihre Beanstandung zurückweisen.

Wir können Ihnen leider keine günstigere Antwort geben und verbleiben mit freundlichen Grüßen

Aus diesem Grunde empfehlen wir Ihnen, sich mit Ihren Schadenersatzansprüchen an den Spediteur zu wenden.

Bei vier der gelieferten Kaffeekannen sind die Deckel zerbrochen, so daß wir sie nicht einmal als Ausschußware verkaufen können.

Unsere Lieferungen erfolgen, wie Sie unseren Geschäftsbedingungen entnehmen können, grundsätzlich auf Gefahr des Käufers.

G1

Pour les lettres suivantes, notez le / les points les plus importants dans la marge, en français. Rédigez ensuite, en allemand, la réponse à chaque lettre en respectant les indications manuscrites figurant en bas des lettres.

Heinz Lorenz OHG
Ahlener Str. 5, 39128 Magdeburg

Pierre Baron S.A.
27, av. d'Iéna
F-75116 Paris

Magdeburg, den
19.11.19..

Unsere Bestellung Nr. 1045/A vom 15.10.19..

Sehr geehrter Herr Lacroix,

die Lieferung der 500 Stereo-Anlagen aus unserer obigen Bestellung steht immer noch aus, obwohl sie bis zum 05.11. erfolgen sollte.

Da wir bereits beträchtliche Mittel in unsere Werbekampagne investiert haben, müssen wir darauf bestehen, daß die Geräte binnen 10 Tagen bei uns eintreffen. Als Schadenersatz für die Lieferverzögerung bitten wir außerdem um eine Preisermäßigung von 5 % auf den Gesamtbetrag der Rechnung.

Sollten wir die Lieferung innerhalb dieser Frist nicht erhalten, so müßten wir zu unserem Bedauern die Annahme der Ware verweigern.

Mit freundlichen Grüßen

d'accord pour dans 10 jours
pas question de 5%

G2

LEBENSMITTELGROSSHANDLUNG RICHTER KG

Breite Straße 62, 09131 Chemnitz

Paul Bertrand S.A.R.L.
114, rue de Charenton
F-75012 Paris

Chemnitz, den 17.07.19..

Ihre Lieferung vom 13.07.19..

Sehr geehrte Frau Copeau,

wir müssen Ihnen leider mitteilen, daß Ihre Lieferung nicht zu unserer Zufriedenheit ausgefallen ist. Beim Auspacken der Marmeladengläser mußten wir nämlich feststellen, daß alle Etiketten verkehrt herum aufgeklebt sind, und zwar mit der Oberseite nach unten.

Sie werden verstehen, daß wir Ihre Ware so nicht verkaufen können.

Um Ihnen die Kosten für den Rückversand zu ersparen, schlagen wir Ihnen vor, daß Sie uns neue Etiketten schicken, die wir dann hier aufkleben lassen. Für die anfallende Mehrarbeit bitten wir um Gutschrift von 20 % des Rechnungsbetrages.

Bitte teilen Sie uns Ihre Entscheidung umgehend mit.

Mit freundlichen Grüßen

- d'accord mais 10% seulement
- bénéficient déjà d'un tarif spécial.

INDUPLAST GMBH & CO. KG
Augsburger Str. 1, 90431 Nürnberg

Valentine S.A.
100, Bd. Gallieni
F-92300 Levallois

Nürnberg, den 03.04.19..

Ihre Rechnung Nr. 1798/C

Sehr geehrter Herr Faure,

wir haben Ihre oben genannte Rechnung bezüglich unserer Bestellung vom 25. Febr. erhalten und sind sehr erstaunt über die von Ihnen berechneten Preise.

Uns war bekannt, daß Ihre Listenpreise ab 01. März erhöht würden, und wir haben infolgedessen unsere Bestellung am 25. Febr. abgesandt, um noch in den Genuß der alten Preise zu kommen. Da wir im übrigen keine Auftragsbestätigung erhalten haben, konnten wir nicht annehmen, daß diese Preiserhöhung bereits für unsere Bestellung gelten würde.

Da wir unseren Abnehmern bereits verbindliche Preise angegeben haben, können wir die Preissteigerung nicht auf unsere Kunden abwälzen und müssen Sie daher bitten, uns den Differenzbetrag gutzuschreiben.

Mit freundlichen Grüßen

Non! commande reçue le 3/3
mais proposons réduction de 4%
sur la prochaine commande

G4

TEXTILFABRIK HERMANN SCHRÖDER KG
LANDSTR. 87, 38112 BRAUNSCHWEIG

Fa. Guillemin-Diffusion
33, rue d'Aboukir
F-75002 Paris

Braunschweig,
den 23.05.19..

Unsere Rechnung vom 04.03.19..

Sehr geehrter Herr David,

da Sie bisher unser Schreiben vom 02.05. nicht beantwortet haben und auch keine Zahlung bei uns eingegangen ist, bitten wir Sie nunmehr dringend um Begleichung des fälligen Rechnungsbetrages in Höhe von DM 8.700,—.

Sie haben sicherlich Verständnis dafür, daß wir auf die Einhaltung der Zahlungsfristen achten müssen.

Sollte Ihre Zahlung nicht bis zum 02.06.19.. erfolgen, so müßten wir Ihnen ab diesem Datum leider 8 % Verzugszinsen berechnen.

Wir hoffen auf eine prompte Erledigung dieser Angelegenheit.

Mit freundlichen Grüßen

60% tout de suite
mais le solde dans 3 mois

H1

1. Vérifiez si la facture correspond au bon de livraison.
2. Rédigez la lettre de réclamation.

Martin Merkel GmbH & Co. KG Hamburg · Dichtelemente

MERKEL

Martin Merkel GmbH & Co. KG · Postfach 93 02 80 · D-2102 Hamburg 93

Herbert Meier
Niemannstr. IO

0000 Kleinstadt

Blatt
Page

Order-Nr. – Order No.
I000000/84
Bitte bei Rückfragen diese Nr. angeben!
For requests please state order No.

Bei Rückfragen Durchwahl
For information please call
(0 40) 75 11

Liefer-Nr. / Delivery No.: 2546I
Kunden-Nr. / Customer No.:
Vertreter-Nr. / Distributor No.:
Datum / Date: 2.8.84

Ihre Zeichen / Your Reference:
Ihre Bestellung vom / Your Order of: I.8.84
Ihre Bestell-Nr. / Your Order No.:
Kontierung / Identification No.:
Unsere Zeichen / Our Reference: RA

Kunden-Bemerkungen / Remarks:

Versand / dispatch: ab Werk/Postgut
Abladestelle / Discharging point:

Lieferschein
Delivery Slip

Versandvorschrift
Shipping Instruction
Die Auftragsabwicklung erfolgt über eine EDV-Anlage. Wir bitten Sie, bei Bestellungen die MERKEL-BESTELL-NR. mit anzugeben. Vielen Dank.
The orders are processed by our EDP-system. Please state the MERKEL-REFERENCE-No. when placing an order.

Pos.-No.	Artikel-Bezeichnung und Abmessung – Description and Sizes	MERKEL-BESTELL-NR. MERKEL-REFERENCE-No.	Abt.	Lieferwoche Delivery week	Menge Quantity	ME unit code	Heutige Lieferung This delivery
I.	Gummi-Abstreifer 90,0 x I00,0 S = 5,0 mm Form L 453 B Qual. G 520	L25II-004.926		3I	IO	4	IO
2.	Führungsband Gestr. Länge 286,8 mm MT26 90,0 x 94,0 = I0,0 mm	L9287-096.202		3I	IO	4	IO

Sorgfältig auspacken! Genau nachzählen! Vorher Packmaterial nicht wegwerfen!
Unwrap carefully! Control exactly! Do not throw packing material away before control!

Beanstandungen können nur Berücksichtigung finden, wenn sie sofort nach Eingang der Sendung unter Beifügung dieses Lieferscheines erfolgen.
Objections may only be accepted if these are made immediately upon receipt of the merchandise and if this delivery-slip is forwarded to us.

Schlüssel/Code:
ME: 0=g, 1=kg, 2=m, 3=m², 4=Stück, 5=Paar, 6=mm, 7=Satz
Ausführung: A=Asbest-Gewebe, B=Baumwoll-Gewebe, C=Synthetic-Gewebe
Qualität: A=Natur-Kautschuk, B=Nitril-Butadien-Kautschuk, C=Styrol-Butadien-Kautschuk, D=Chloropren-Kautschuk, E=Polysulfid-Kautschuk, F=Chloro-Sulfonyl-Polyäthylene, G=Nitril-Phenolharz-Kautschuk, H=Silicon-Kautschuk, J=Butyl-Kautschuk, K=Fluor-Kautschuk, L=Äthylen-Propylen-Kautschuk,

unit code: 0=g, 1=kg, 2=m, 3=sqm, 4=pcs, 5=pair, 6=mm, 7=set
Type of fabric: A=Asbestos fabric, B=Cotton fabric, C=Synthetic fabric
Type of elastomer: A=natural-rubber, B=nitrile rubber, C=Styrene-butadiene-rubber, D=neoprene rubber, E=polysulfide-rubber, F=chloro-sulfonyle-polyethylene, G=nitril-phenolic-resin-rubber, H=Silicon-rubber, J=butyl-rubber, K=fluorcarbon rubber, L=ethylene-propylene-rubber

Martin Merkel GmbH & Co. KG
Sanitasstraße 17–21 · Postfach 93 02 80
D-2102 Hamburg 93 (Wilhelmsburg)
Tel.: (0 40) 75 11-1 · Telex 2 163 522 mer d
Telefax 2 m (0 40) 75 11-4 40
Teletex 2627-402074=mer

F 19 2.84

Martin Merkel GmbH & Co. KG Hamburg · Dichtelemente

MERKEL

Martin Merkel GmbH & Co. KG · Postfach 93 02 80 · D-2102 Hamburg 93

Herbert Meier
Niemannstr. 10
0000 Kleinstadt

AB-KD-Nr. / Customer No. as per Acknowledgement of order: 96000
Vertreter-Nr. / Distributor No.: 096
Seite / Page
Liefer.-Nr. / Delivery No.
Order-Nr. / Order No.: 1000000/84
Rechnungs-Nr. / Invoice No.: 0814000
Bei Rückfragen Durchwahl / For information call No.: (040) 75 11

Ihre Zeichen / Your Reference
Ihre Bestellung vom / Your Order of: 1.8.84
Ihre Bestell-Nr. / Your Order No.

Kunden-Bemerkungen – Remarks

Versandart / Method of Dispatch
Abladestelle / Discharging point
Kontierungen / Identification No.
Unsere Zeichen / Our Reference: RA

Versandvorschrift / Shipping Instruction / Versandanschrift / Adress of Destination: ab Werk/Postgut

Rechnung
Invoice

Die Auftragsabwicklung erfolgt über eine EDV-Anlage. Wir bitten Sie, bei Bestellungen die MERKEL-BESTELL-NR. mit anzugeben. Vielen Dank.
The orders are processed by our EDP-System. Please state the MERKEL-REFERENCE-No. when placing an order. Thank you.

Pos.-Nr. Item No.	Artikel-Bezeichnung / Description of Article	MERKEL-BESTELL-NR. / MERKEL-REFERENCE-No.	gelief. Menge Quantity delivered	ME unit code	Einzelpreis DM unit price DM	Netto-Betrag DM Amount DM/net.
1.	Gummi-Abstreifer 90,0 x 100,0 S = 5,0 mm Form L 453 B Qual. G 520	L2511-004.926	10	4	5,50	55,00
2.	Führungsband Gestr. Länge 286,8 mm MT 26 90,0 x 94,0 = 10,0 mm	L9287-096.202	20	4	3,80	76,00

ME: 0 = g, 1 = kg, 2 = m, 3 = m^2, 4 = Stück, 5 = Paar, 6 = mm, 7 = Satz
unit code: 0 = g, 1 = kg, 2 = m, 3 = sqm, 4 = pce, 5 = pair, 6 = mm, 7 = set

Summe 1 / Sum 1	Gesamt-Grundkosten / Total basic charges	Versandkosten / Forwarding charges	Verpackungskosten / Packing charges	Summe 2 / Amount 2
131,00		3,90	1,70	136,60
			14% MWST	19,12

Zahlungsbedingungen: / Terms of Payment:
14 Tage nach Rechn.-Dat. 2% Skto.
30 " " " " netto

Rechnungsdatum / Date of invoice: 2.8.84

96000/0814000
Bitte bei Zahlung und Schriftwechsel unbedingt angeben! Please state as reference for payments and correspondence!

Rechnungsbetrag DM / Invoice amount DM: 155,72

Skonto wird nur dann gewährt, wenn sämtliche fälligen Zahlungsverpflichtungen aus früheren Verkäufen restlos erfüllt sind und die Zahlung nicht in Wechseln erfolgt. Auf der Rückseite dieser Rechnung finden Sie unsere Verkaufsbedingungen. Discount is only granted when all due invoices of previous sales are paid and payment is not effected by bill of exchange. See our sales conditions on the reverse of this invoice.

Martin Merkel GmbH & Co. KG
Sanitasstraße 17-21 · Postfach 93 02 80
D-2102 Hamburg 93 (Wilhelmsburg)

Tel.: (0 40) 75 11-1 · Telex 2 163 522 mer d
Teletex 26 27-40 20 74 = mer
Telefax 2 m (0 40) 75 11-440

Banken:
Landeszentralbank 207/08 027 (BLZ 207 000 00)
Commerzbank AG 17/11 050 (BLZ 200 400 00)
Vereins- u. Westbank AG 59/201 400 (BLZ 207 300 00)
Dresdner Bank AG 6 608 000 (BLZ 200 800 00)
Deutsche Bank AG 6 097 000 (BLZ 200 700 00)

Postgiro:
Hamburg 930-206
(BLZ 200 100 20)

H2

1. ***Vérifiez si la facture correspond à la commande telle qu'elle a été confirmée par le fournisseur.***
2. ***Rédigez la lettre de réclamation.***
3. ***Rédigez la réponse des Éts. Hohenloher Spulenkörperfabrik.***

Hohenloher Spulenkörperfabrik
7110 Öhringen Württemberg
Karlsvorstadt 44, Postfach 1408

HOHENLOHER SPULENKÖRPERFABRIK

Fabrik für technische Spritzteile
und Spulenkörper

Eigener Werkzeugbau

Technische Spritzteile
Spulenkörper gespritzt
Spulenkörper geschachtelt
Spulenkörper geklebt
Stanzteile
Lötösenleisten
Sicherungshalter

FIRMA
S I E M E N S · SA
USINE DE BORDEAUX
B. P. 4

F-33310 LORMONT-PRINCIPAL
FRANKREICH

RECHNUNG

Bestelldaten des Kunden:
21.03.1994 - BEST.-NR. 94.1460
Lieferbedingungen
AB WERK, EINSCHL. VERPACKUNG
Zahlungsbedingungen : wenn nichts besonderes erwähnt, siehe Rückseite
14 TG. 2 % / 30 TG. NETTO
Versand
BEIPACK/OP

Kunden-Nummer	Lieferanten-Nummer	Rechnungsnummer	Rechnungs- und Versand-Datum
08-1598-000-0		5744/ 83201 (Bei Rückfragen bitte angeben)	8.05.94

Bezeichnung	Stückzahl	Preis/per %	Betrag in DM
SPULENKOERPER RM 8/1-5 "AUTOMATENGERECHT" N. ZG. C 61035 - A28 - B53 AUS VYNCOLITE RX 611/3 A GRUEN B 65812-A1005-D1 LAGER-NR. 9401-3810	11128	26.50	2948.92

ZOLLPOSITION:
8501930

Hohenloher Spulenkörperfabrik

(Rechnungen unter DM 30.- und alle Werkzeugkosten sind sofort netto zahlbar)

Warenwert in DM	Fracht/Porto	Verpackung	Steuerpflichtiger Betrag	M.-Steuer %	M.-Steuer DM	Gesamtbetrag in DM
2948.92	.00	.00	2948.92	.00	.00	2948.92

Fernruf (0 79 41) 70 68
Fernschreiber 7-44 66
Telegramm-Anschrift: Hospulen Öhringen
Postscheckkonto: Stuttgart 210 40-700
Volksbank Öhringen (BLZ 620 918 00) Kto. Nr. 102 787 000 S.W.I.F.T.-Code: Geno Desg
Bad.-Württemberg. Bank AG Öhringen (BLZ 620 318 60) Kto. Nr. 830 07112 00 S.W.I.F.T.-Code: BWBKDE 6H
Liefer- und Zahlungsbedingungen umseitig

Hohenloher Spulenkörperfabrik
7110 Öhringen Württemberg
Karlsvorstadt 44, Postfach 1408

HOHENLOHER SPULENKÖRPERFABRIK

Fabrik für technische Spritzteile
und Spulenkörper

Eigener Werkzeugbau

Technische Spritzteile
Spulenkörper gespritzt
Spulenkörper geschachtelt
Spulenkörper geklebt
Stanzteile
Lötösenleisten
Sicherungshalter

FIRMA
S I E M E N S SA
USINE DE BORDEAUX
B. P. 4

F-33310 LORMONT-PRINCIPAL
FRANKREICH

AUFTRAGSBESTÄTIGUNG

Bestelldaten des Kunden:
21.03.1994 - BEST.-NR. 94.1460

Lieferbedingungen :
AB WERK, EINSCHL. VERPACKUNG

Zahlungsbedingungen : Wenn nicht besonders erwähnt, siehe Rückseite (Rechnungen unter 20.-DM und alle Werkzeugkosten sind sofort netto zahlbar)
14 TG. 2 % / 30 TG. NETTO

Versand — :
SPEDITION MOTHE

Kunden-Nummer	Lieferanten-Nummer	Auftragsnummer	Datum
08-1598-000-0		5744 - 83201	30.03.94

Bei Rückfragen bitte angeben

Bezeichnung	Stückzahl	Preis/per %	Lieferzeit Stück Woche
SPULENKOERPER RM 8/1-5 "AUTOMATENGERECHT" N. ZG. C 61035 - A28 - B53 AUS VYNCOLITE RX 611/3 A GRUEN B 65812-A1005-D1 LAGER-NR. 9401-3810	10000	26.50	10000-25.4.

Wir danken für den uns erteilten Auftrag, den wir zu unseren umseitigen Bedingungen ausführen werden.

Mit freundlichen Grüßen
HOHENLOHER SPULENKÖRPERFABRIK

i. A. Pflederer

Fernruf: (0 79 41) 70 68
Fernschreiber: 07-44 66
Liefer- und Zahlungsbedingungen umseitig

Telegramm-Anschrift:
Hospulen Öhringen

Postscheckkonto:
Stuttgart 210 40-700

Volksbank
Öhringen Kto. Nr. 2787
S.W.I.F.T.-Code: Geno Desg

Bad.-Württemberg. Bank AG
Öhringen Kto. Nr. 830 071 2 [illegible]
S.W.I.F.T.-Code: BWBKDE [illegible]

1

Ballant S.A.
145, bd. Haussmann
F-75008 Paris

– Großhandlung für neuzeitliche Büromöbel
– Spezialhaus für die Einrichtung von Großraumbüros

Franz Maier & Co.
Poststr. 14
D-20354 Hamburg

– Hersteller von Büromöbeln

a) La Société Ballant écrit aux Éts. Franz Maier pour réclamer la livraison des meubles commandés. Elle doit prochainement aménager plusieurs bureaux paysagés.

b) Les Éts. Franz Maier indiquent les raisons de leur retard.

c) La Société Ballant essaie d'obtenir, en contrepartie, des conditions plus favorables.

d) Les Éts. Franz Maier répondent.

2

Karl Richter GmbH & Co. KG
Schillerstr. 24
D-99423 Weimar

– Import und Export von Sport- und Freizeitartikeln

Star-Sports
41, bd. de Strasbourg
F-75010 Paris

– Entwurf und Herstellung von Sportartikeln

a) La Société Karl Richter écrit aux Éts. Start-Sports parce que les articles qu'elle a reçus ne correspondent pas à sa commande.

b) Les Éts. Start-Sports répondent.

3

Verlagshaus Hans Krüger GmbH In der Buttergasse 37 D-51069 Köln – verlegt Fachzeitschriften	Lamotte & Cie. 50, rue Saint-Fort F-69004 Lyon – Hersteller von Adressier-und Faltmaschinen

a) La Société Hans Krüger se plaint du mauvais fonctionnement de la machine à adresser fournie par les Éts. Lamotte et réclame une réparation très rapide.

b) La machine a été réparée par les soins des Éts. Lamotte qui ont envoyé une facture pour les travaux effectués. La Société Hans Krüger écrit aux Éts. Lamotte et refuse de payer car la machine est toujours sous garantie.

c) Les Éts. Lamotte répondent.

4

Marina-Versand Wandsbeker Str. 3-7 D-22179 Hamburg – großes Versandhaus	Henri Bertin & Fils 27, rue du Sentier F-75002 Paris – Fabrikant von modischen Blusen – mittelgroßes Unternehmen

a) Les Éts. Henri Bertin réclament pour la deuxième fois à la Société Marina-Versand le paiement de leur facture.

b) Sans réponse de la Société Marina-Versand, les Éts. Henri Bertin envoient un dernier rappel avant poursuites.

5

Lackfabriken Wiederhold
Benrather Str. 124
D-40721 Hilden

Béranger & Talliot S.A.
12, rue du Palais
F-13007 Marseille

– Hersteller von Textverarbeitungsmaschinen

a) La Société Béranger & Talliot prévient les Éts. Wiederhold que le délai de livraison prévu ne pourra pas être respecté.

b) Les Éts. Wiederhold répondent.

6

Partier S.A.
12, rue du Fbg. St. Honoré
F-75008 Paris

– renommiertes Schmuckfachgeschäft

Peter Stein KG
Hunsrückstr. 14
D-55743 Idar-Oberstein

– Edelsteinschleiferei

– kleines Familienunternehmen

a) La Société Partier s'étonne de n'avoir pas encore reçu d'avis de crédit pour les pierres précieuses que les Éts. Peter Stein s'étaient engagés à écouler auprès d'un autre client.

b) Les Éts. Stein répondent.

7

J. Kagel & Co. Postfach 210 CH-7001 Chur – Fabrikant von Abfüll-, Dosier- und Verschließmaschinen.	Éts. Sources Vattel 34, rue des Tilleuls F-67100 Strasbourg – Mineralwasser- und Fruchtsaftsektor

a) Les Éts. Sources Vattel ecrivent à la Société J. Kagel pour demander l'envoi d'un technicien, car la nouvelle chaîne d'embouteillage fournie par celle-ci fonctionne mal.

b) Après l'intervention de son technicien, la Société J. Kagel signale aux Éts. Sources Vattel que la panne était due à une mauvaise utilisation de la machine et leur facture les frais de l'intervention.

c) Sans réponse des Éts. Sources Vattel à deux lettres de rappel, la Société J. Kagel les menace de poursuites judiciaires.

8

Karl Hoffmann jr. KG Talstr. 104 D-42697 Solingen – Großhandlung für Gaststättenbedarf	Éts. Pierre Dumont 16, rue du Mail F-49000 Angers – Hersteller von Trinkgläsern

a) La Société Karl Hoffmann demande aux Éts. Pierre Dumont, qui s'étaient étonnés que leur facture n'ait pas encore été réglée, des facilités de paiement et indique le motif de sa demande.

b) Les Éts. Pierre Dumont répondent.

CHAPITRE 4

Demandes de renseignements et réponses

- Solvabilité de la clientèle
- Recherche de débouchés, publicité
- Salons et expositions
- Contacts avec la clientèle

Erkundigungen und Auskünfte

- Kreditwürdigkeit der Kunden
- Absatzmöglichkeiten, Werbung
- Messen und Ausstellungen
- Kontakte mit Kunden

A1 Au préalable s'assurer de la solvabilité de ses partenaires commerciaux

Soulignez dans le texte allemand les passages qui vous paraissent correspondre à ceux qui sont soulignés dans le texte français.

A moins qu'il ne s'agisse de correspondants connus, il est recommandé de prendre des renseignements sur la solvabilité et la réputation des firmes allemandes avec lesquelles on envisage de traiter.

Les entreprises françaises désirant obtenir des renseignements de notoriété peuvent s'adresser au C.F.C.E., à la Chambre Franco-Allemande de Commerce et d'Industrie, à des banques ou des maisons que le nouveau client aurait indiquées comme référence, ou encore à une agence allemande de renseignements commerciaux.

d'après *République Fédérale Allemande*, Éd. C.F.C.E.

Manifestations commerciales

Une entreprise française souhaitant promouvoir ses produits sur le marché de la R.F.A. a tout intérêt à participer aux divers salons spécialisés, soit directement, soit par le biais de groupements professionnels.

Outre leur rôle direct qui est de mettre le fournisseur en contact avec des acheteurs potentiels et de favoriser ainsi la conclusion de marchés, ces salons permettent en effet aux exportateurs français de s'informer sur l'évolution des goûts de la clientèle allemande.

Par ailleurs, ces salons donnent à l'exposant l'occasion de se faire connaître, notamment grâce à la presse professionnelle dont la présence massive permet de démultiplier l'action publicitaire à moindres frais.

Vorbeugende Maßnahmen zur Sicherung des Zahlungseingangs

Im Großhandel und in der Industrie herrscht das Zielgeschäft vor. Um Zahlungsausfälle soweit wie möglich auszuschließen, wird sich der Lieferer insbesondere durch Einholen einer Auskunft über die Zahlungsfähigkeit, das Geschäftsgebaren und den Ruf des Kunden vergewissern, ehe er die Bestellung bestätigt bzw. ausführt.

Auskünfte werden erteilt von :

- gewerbsmäßigen Auskunfteien;
- Geschäftsfreunden bzw. Vertretern, die den Kunden kennen und mit seinen Verhältnissen wirklich vertraut sind;
- Kreditinstituten, die der Kunde als Referenz angegeben hat ;
- Industrie- und Handelskammern und Konsulaten.

nach: Kruse/Heun, *Betriebswirtschaftslehre*, Winklers Verlag - Gebrüder Grimm, Darmstad.t

Messen und Ausstellungen

Messen und Ausstellungen dienen der Absatzförderung und werden daher von ausländischen Lieferanten (Herstellern, Exporteuren) unmittelbar oder mittelbar (z. B. über Alleinvertreter oder Vertriebsgesellschaften) beschickt.

Messen und Ausstellungen sind

- eine Stätte der Begegnung,
- eine reiche Informationsquelle (neue Produkte, Preise, Qualitätsvergleiche, Geschmack, Modetrends, Werbung usw.),
- günstig zur Anbahnung neuer oder Vertiefung bestehender Geschäftsbeziehungen und zur Kontaktpflege.

aus: Nerreter/Stöcher, *Der Import und Export*, Verlag Neue Wirtschafts-Briefe, Herne/Berlin.

B1

an einen Geschäftspartner

Bitte um Auskunft Vertraulich

Sehr geehrter Herr Schmittmann,

die auf beiliegendem Zettel genannte Firma hat uns einen Auftrag im Wert von über DM 150.000,— erteilt und Sie dabei als Empfehlung angegeben.

Wir wären Ihnen sehr dankbar, wenn Sie uns mitteilen könnten, welche Erfahrungen Sie bisher mit diesem Unternehmen gemacht haben und wie Sie dessen Kreditwürdigkeit beurteilen.

Wir danken Ihnen im voraus für Ihre Mühe und sichern Ihnen unbedingte Verschwiegenheit zu. Zu Gegendiensten sind wir jederzeit gerne bereit.

Mit freundlichen Grüßen

B2

an eine Bank

Bitte um Auskunft Vertraulich

Sehr geehrte Damen und Herren,

die Firma Technik-Import GmbH, Trier, hat sich um die Generalvertretung unserer Erzeugnisse in der Bundesrepublik beworben und Sie als Referenz angegeben.

Nach eigenen Angaben der Firma handelt es sich um ein gut eingeführtes Unternehmen mit einer soliden finanziellen Basis. Da diese Firma uns nicht näher bekannt ist, bitten wir Sie um möglichst genaue Auskunft über

- die fachliche Kompetenz der Geschäftsführer,
- Besitzverhältnisse und Kapitalausstattung,
- Ruf und Geschäftsgebaren der Firma.

Können wir der Firma ohne besondere Sicherheiten höhere Kredite einräumen?

Selbstverständlich werden wir Ihre Auskunft streng vertraulich behandeln.

Für Ihre Bemühungen danken wir Ihnen im voraus bestens.

Mit freundlichen Grüßen

B3

an eine Industrie- und Handelskammer

Bitte um Auskunft

Sehr geehrte Damen und Herren,

wir sind ein mittelgroßer Hersteller von Parfums und Kosmetikartikeln des gehobenen Bedarfs, mit denen wir sowohl bei französischen als auch italienischen Abnehmern großen Erfolg haben.

Seit einiger Zeit beabsichtigen wir eine Erweiterung unseres Exportgeschäfts und möchten dazu gerne auf dem deutschen Markt Fuß fassen.

Bevor wir jedoch konkret in dieser Hinsicht tätig werden, bitten wir Sie um eine erste Stellungnahme zu den Absatzchancen unserer Produkte und senden Ihnen zu diesem Zweck in der Anlage ausführliches Informationsmaterial über unsere Produkt-Linie wie auch Proben einiger unserer in Frankreich am meisten verkauften Artikel.

Wir sehen Ihrer Antwort mit großem Interesse entgegen und danken Ihnen im voraus bestens.

Mit freundlichen Grüßen

B4

an eine Werbeagentur

Anfrage

Sehr geehrte Damen und Herren,

die Industrie- und Handelskammer Düsseldorf hat uns freundlicherweise Ihre Adresse genannt mit dem Hinweis, daß Sie auf Werbung für Damen- und Herrenmoden spezialisiert sind.

Wie Sie aus der beigefügten Broschüre ersehen, wenden sich unsere Artikel an modebewußte Jugendliche im Alter von 14-18 Jahren. In Frankreich verkaufen wir hauptsächlich über Boutiquen und einige führende Kaufhäuser und haben im vergangenen Jahr unseren Umsatz um 25 % steigern können.

Wir möchten im nächsten Frühjahr in der Bundesrepublik eine größere Werbeaktion für unsere Freizeitkleidung starten und könnten dafür ein Budget in Höhe von ca. 1 Mio. DM bereitstellen.

Falls Sie an einer Zusammenarbeit mit uns interessiert sein sollten, bitten wir Sie um einige kurzgefaßte Vorschläge für eine derartige Werbekampagne sowie um eine detaillierte Kostenaufstellung.

Mit freundlichen Grüßen

B5

an eine Messe- und Ausstellungsgesellschaft

Bitte um Auskunft

Sehr geehrte Damen und Herren,

wir überlegen uns zur Zeit, ob wir auf der nächsten Fotokina ausstellen werden, und bitten Sie daher um einige nähere Informationen.

Wir denken an einen Stand in der Größe von ca. 20 m^2 in zentraler Lage mit Telefonanschluß. Wie hoch ist die Standgebühr pro m^2, und bis wann müßten wir Ihnen unsere Entscheidung spätestens mitteilen?

Mit bestem Dank für eine rasche Antwort verbleiben wir

mit freundlichen Grüßen

B6

an einen zukünftigen Geschäftspartner

Bitte um Termin

Sehr geehrter Herr Schmidt,

wir sind eine bedeutende französische Firma im EDV-Bereich und haben uns seit einigen Jahren auf die Herstellung von Mikroprozessoren für industrielle Anwendungsgebiete spezialisiert. Der beiliegende Katalog vermag Ihnen einen ersten Überblick über unser Produktionsprogramm zu geben.

Da wir bereits ins europäische Ausland exportieren, jedoch noch nicht in die Bundesrepublik, liegt uns sehr daran, eine deutsche Partnerfirma zu finden.

Der Leiter unserer Entwicklungsabteilung wird Mitte Mai in die Bundesrepublik kommen und würde gerne am 13.05. bei Ihnen vorsprechen, um Ihnen unsere Erzeugnisse persönlich vorzustellen. Bitte teilen Sie uns — möglichst per Telefax — mit, ob Ihnen dieser Termin zusagt.

In der Hoffnung auf eine zukünftige Zusammenarbeit verbleiben wir

mit freundlichen Grüßen

B7

Auskunft Vertraulich

Sehr geehrter Herr Lestang,

bei der von Ihnen genannten Firma handelt es sich um eine Kommanditgesellschaft, die seit 1965 besteht und allgemein einen guten Ruf genießt. Sie importiert hauptsächlich kleinere elektrische Haushaltsgeräte und verfügt über ein gut ausgebautes Vertriebsnetz. Die Firma besitzt eigene Verwaltungs- und Verkaufsräume in der Innenstadt, die einen Wert von ca. 2,5 Mio. DM darstellen dürften.

Soweit wir dies beurteilen können, sind Umsatz und Gewinn in den letzten beiden Jahren überdurchschnittlich angestiegen, und wir sehen keinerlei Anzeichen für eine Änderung dieser Entwicklung.

Die Kapitalausstattung scheint uns für ein Unternehmen dieser Größenordnung angemessen zu sein. Über die Zahlungsweise ist uns nichts Nachteiliges bekannt.

Wir glauben also, daß der von Ihnen erwähnte Kreditrahmen durchaus vertretbar ist.

Wir übernehmen für diese Auskunft keine Gewähr und bitten Sie, sie vertraulich zu behandeln.

Mit freundlichen Grüßen

B8

Auskunft Vertraulich

Sehr geehrter Herr Bertrand,

die Firma, über die Sie Auskunft wünschen, wurde vor acht Jahren gegründet. Nach sehr großem Erfolg in der Anfangsphase erlitt sie in den vergangenen drei Jahren hohe Verluste. Wie aus Geschäftskreisen verlautet, ist diese Entwicklung nicht auf die Qualität der Produkte zurückzuführen, sondern auf gravierende Management-Fehler.

.../...

.../...

Zu Beginn dieses Jahres hat ein Wechsel in der Geschäftsführung stattgefunden, jedoch ist es verfrüht, über eine eventuelle Verbesserung der Gewinnsituation ein Urteil abzugeben. Die Kapitaldecke der Firma ist recht dünn, und wir würden keinen Kredit gewähren, der über das übliche Maß hinausgeht.

Wir gehen davon aus, daß Sie diese Auskunft mit der gebotenen Verschwiegenheit behandeln.

Mit freundlichen Grüßen

B9

Absatzmöglichkeiten für Ihre Produkte

Sehr geehrte Frau Lanier,

mit Ihrem Schreiben vom 21.11.19.. baten Sie uns um Auskunft über Absatzmöglichkeiten für Ihre Lederwaren-Kollektion im südwestdeutschen Raum. Wir können Ihnen dazu Folgendes mitteilen:

Letztes Jahr stieg der Absatz im Einzelhandel auf diesem Sektor um 3 %, wobei allerdings bei hochwertigen Artikeln eine Zuwachsrate von fast 8 % erzielt wurde. Der Trend scheint verstärkt zu modischen Accessoires zu gehen. Besonders italienische Hersteller haben sich seit einiger Zeit auf diesen Trend eingestellt und sind daher auf dem hiesigen Markt recht stark vertreten.

Nach unserer Abschätzung dürfte der Absatz über den Facheinzelhandel die besten Erfolgschancen bieten. Wir übersenden Ihnen in der Anlage eine Liste der Lederwaren-Fachgeschäfte im Einzugsbereich unserer Kammer.

Falls Sie durch Marktanalysen einen genaueren Überblick über den potentiellen Abnehmerkreis gewinnen wollen, übermitteln wir Ihnen auf Anfrage gerne die Anschriften einiger auf diesem Gebiet spezialisierter Firmen. Wir erlauben uns außerdem den Hinweis auf die Offenbacher Lederwarenmesse, die im nächsten Jahr vom 21. - 28. März stattfindet.

Wir hoffen, Ihnen mit diesen Angaben gedient zu haben, und verbleiben

mit freundlichen Grüßen

B10

Ihre Anfrage vom 10.08.19..

Sehr geehrte Frau Amaury,

wir freuen uns über Ihr Interesse an der diesjährigen Möbel-Messe in Köln. Leider sind bereits seit zwei Monaten alle Stände vergeben, und erfahrungsgemäß ist mit Absagen nicht zu rechnen.

Sollten Sie für das nächste Jahr an einer Teilnahme interessiert sein, so empfehlen wir Ihnen, sich möglichst frühzeitig mit uns in Verbindung zu setzen, spätestens jedoch bis Ende März.

Wir senden Ihnen anbei ausführliche Unterlagen über die in Köln stattfindenden Messen und stehen Ihnen für weitere Auskünfte jederzeit gern zur Verfügung.

Mit freundlichen Grüßen

B11

Ihre Besuchsankündigung

Sehr geehrte Frau Mousset,

wir danken Ihnen für Ihr Schreiben vom 14.03. Inzwischen haben wir uns die übersandten Unterlagen näher angesehen und glauben, daß Ihre Bohrmaschinen unsere Produktpalette eventuell ergänzen könnten.

Leider ist der zuständige Sachbearbeiter unserer Einkaufsabteilung zu dem von Ihnen vorgeschlagenen Termin abwesend. Er könnte Sie jedoch am 4. oder 5. April empfangen.

In Erwartung Ihrer Bestätigung verbleiben wir

mit freundlichen Grüßen

C1 JE PRÉSENTE L'ENTREPRISE / LE PRODUIT / L'ACTIVITÉ.

Lettre n°

2 Il s'agit d'une Maison bien implantée sur le marché

....

3 Nous sommes une P.M.E. fabriquant des parfums

....

Nos produits rencontrent un vif succès auprès des acheteurs

....

4 Vous êtes spécialisé dans le domaine de la publicité

....

Nos articles s'adressent aux jeunes

....

Nous diffusons nos articles dans les boutiques de prêt-à-porter et les grands magasins

....

....

6 Nous sommes une importante société française dans le secteur de l'informatique

....

....

Nous nous sommes spécialisés dans la fabrication de ...

....

7 Il s'agit d'une société en commandite simple qui existe depuis ...

....

Elle jouit d'une bonne réputation

....

....

Elle importe essentiellement du petit électro-ménager

....

....

Lettre n° 7 Elle dispose d'un réseau de distribution important

....

....

Elle est propriétaire de locaux aménagés en bureaux et magasins

....

....

8 La Maison a été fondée il y a 8 ans

....

C2 J'EXPOSE MES INTENTIONS.

Lettre n°

3 Nous envisageons d'accroître nos exportations

....

Nous voudrions nous implanter sur le marché allemand

....

....

4 Nous voudrions lancer une campagne de promotion en R.F.A.

....

....

5 Nous nous demandons actuellement si nous allons exposer au prochain Salon de ...

....

....

6 Nous souhaiterions trouver un partenaire allemand

....

....

Il aimerait vous rencontrer pour vous présenter nos produits

....

....

C3 JE DEMANDE OU J'ASSURE LA DISCRÉTION.

Lettre n°

1 Nous vous assurons de notre entière discrétion

....

2 Vos renseignements seront considérés comme strictement confidentiels

....

....

7 Nous vous fournissons ces renseignements sans engagement de notre part et vous prions de bien vouloir les considérer comme strictement confidentiels

....

....

....

8 Nous vous donnons ces renseignements en comptant sur votre entière discrétion

....

....

C4 JE JUGE LA SOLVABILITÉ D'UNE ENTREPRISE.

Lettre n°

7 Le montant des fonds propres paraît normal pour une entreprise de cette taille

....

....

A notre connaissance, la Maison a toujours effectué ses paiements normalement

....

....

A notre avis, le montant de crédit envisagé est tout à fait raisonnable

....

....

....

***Lettre n*° 8** La Société a enregistré des pertes importantes au cours des trois dernières années

....

....

Il est encore trop tôt pour se prononcer sur l'amélioration de sa situation financière

....

....

La Société ne dispose pas de capitaux suffisants

....

....

Nous n'accorderions aucun crédit supérieur aux montants habituels

....

....

Die angefragte Firma Die genannte Firma Die betreffende Firma Die von Ihnen erwähnte Firma Unsere Firma Unser Unternehmen	ist eine OHG wird als OHG geführt hat 250 Mitarbeiter hat eine Belegschaft von 250 Mitarbeitern erzielt einen Umsatz von ca. 100 Mio. DM besteht seit 1936 wurde 1936 gegründet ist seit 1936 in Familienbesitz erfreut sich eines guten Rufs genießt einen guten Ruf ist vertrauenswürdig genießt großes Ansehen zählt zu den führenden Unternehmen der Branche gilt als eines der führenden Unternehmen der Branche
Bei dieser Firma handelt es sich um	ein renommiertes Unternehmen ein alteingesessenes Unternehmen ein gut eingeführtes Unternehmen ein gut fundiertes Unternehmen ein führendes Unternehmen der Branche ein Unternehmen mit großer Stammkundschaft ein Unternehmen mit ausgezeichneten Geschäftsverbindungen
Die Firma produziert / stellt ... her / importiert / exportiert / vertreibt	Elektrogeräte
Die Firma handelt mit	Elektrogeräten
Die Firma befaßt (beschäftigt) sich mit	der Herstellung / dem Export / dem Import / dem Vertrieb von Elektrogeräten

→

Die Firma vertreibt über Die Firma verkauft über Die Firma beliefert	den Facheinzelhandel den Großhandel Warenhäuser Supermärkte und Discountgeschäfte
Die Firma verfügt über	ein eigenes Vertriebsnetz einen eigenen Vertreterstab ein gut ausgebautes Filialnetz umfangreiche Lagerräume in zentraler Lage
Die Firma verfügt über / besitzt	eigene Büro- und Geschäftsräume Grundbesitz in Form von ... Beteiligungen an ...

Reconstituez les phrases.

Die genannte Firma Bei der genannten Firma Wir	gilt zählen zu verfügt genießt erzielen besteht ist handelt es sich produzieren verkaufen beliefern besitzt befaßt sich	mit dem Vertrieb von Büchern und Zeitschriften. mehrere Niederlassungen in Österreich. Kugelschreiber. erst seit drei Jahren. über den traditionellen Einzelhandel. um eine GmbH & Co. KG. den führenden Betrieben der Region. als eines der finanzkräftigsten Unternehmen auf diesem Sektor. über beträchtlichen Grundbesitz. den besten Ruf. einen großen Teil des Umsatzes im Ausland. ausschließlich den Großhandel. ein gut eingeführtes Unternehmen.

D2 EXPOSER SES INTENTIONS

Wir beabsichtigen Wir erwägen Wir planen	eine Erweiterung unseres Exportgeschäfts.
Wir beabsichtigen, Wir erwägen, Wir planen, Wir haben vor, Wir sind daran interessiert, Uns liegt daran,	unser Exportgeschäft zu erweitern.
Wir möchten Wir würden gerne	unser Exportgeschäft erweitern.
Wir überlegen uns,	ob wir unser Exportgeschäft erweitern.

Complétez.

1. Wir erwägen, ...

   ....

   (lancer une campagne de publicité en R.F.A.)

2. Wir sind daran interessiert, ...

   ....

   (trouver un partenaire en R.F.A.)

3. Wir planen ....

   ....

   (une exposition de nos produits)

4. Wir möchten ....

   ....

   (nous implanter sur le marché allemand)

5. Wir haben vor, ...

....

(vous rendre visite à votre stand)

6. Wir beabsichtigen, ...

....

(accorder un crédit à cette entreprise)

7. Wir planen ....

....

(une campagne de promotion)

8. Wir würden gerne ....

....

(entrer en contact avec d'autres entreprises)

9. Wir überlegen uns, ...

....

(vendre nos produits dans les supermarchés)

10. Uns liegt daran, ...

....

(obtenir des renseignements très détaillés)

11. Wir beabsichtigen ....

....

(une modernisation de nos locaux de vente)

- die Zahlungen erfolgen regelmäßig / prompt / pünktlich
- die Firma kommt ihren Zahlungsverpflichtungen regelmäßig / prompt / pünktlich nach
- die Geschäfte werden glatt abgewickelt
- die finanzielle Lage ist zufriedenstellend
- die Kapitalausstattung ist gut / zufriedenstellend

- die Firma zahlt nur schleppend
- die Firma beansprucht häufig längere Zahlungsziele
- die Firma überschreitet häufig die vereinbarten Zahlungsziele
- die Firma hat mehrmals um Zahlungsaufschub ersucht
- die Firma befindet sich in einer schwierigen finanziellen Lage
- die Firma hat mit Schwierigkeiten zu kämpfen
- die Firma verfügt über ein sehr geringes Eigenkapital
- die Kapitaldecke der Firma ist recht dünn
- die Firma arbeitet mit Verlusten
- die Verluste der Firma haben im letzten Jahr stark zugenommen

- die Firma ist kreditwürdig
- Kredit kann ohne Bedenken / bedenkenlos / ohne Risiko / gewährt werden
- der Firma kann ohne besondere Sicherheiten Kredit eingeräumt werden
- die Gewährung von Krediten ist mit erheblichen Risiken verbunden
- von einer Kreditgewährung ist abzuraten

Introduisez les énoncés précédents par une des tournures ci-contre.

- Wie aus zuverlässiger Quelle verlautet, ...
- Wie wir aus sicherer Quelle erfahren, ...
- Laut / Nach uns vorliegenden Informationen ...
- Nach Auskunft von Geschäftsfreunden ...
- Wir haben den Eindruck, ...
- Soweit wir dies beurteilen können, ...
- Es scheint uns, daß ...
- Anscheinend ...
- Wir glauben, ...
- Wir sind der Meinung / der Ansicht, daß ...
- Nach unserer Meinung / Ansicht ...

D4

Vous pouvez vous assurer maintenant que vous avez bien assimilé les formules utilisées dans les demandes de renseignements et dans les réponses à celles-ci. Vous trouverez ci-dessous les expressions allemandes correspondantes, mais attention : elles ne sont pas dans le bon ordre.

1. La Maison X vous a cité à titre de référence.

....

2. La Société dont le nom figure sur la fiche ci-jointe ...

....

3. Nous voulons nous implanter sur le marché autrichien.

....

4. Cette entreprise jouit d'une bonne réputation.

....

5. Elle compte parmi nos clients habituels.

....

6. Nous vous prions de bien vouloir considérer ces renseignements comme strictement confidentiels.

....

....

7. Veuillez prendre contact avec nous le plus tôt possible.

....

8. Nous vous prions de bien vouloir vous adresser au responsable du service concerné.

....

....

9. Nous voudrions avoir des renseignements sur les débouchés possibles.

....

....

10. Nous produisons uniquement des articles haut de gamme.

....

....

11. être bien implanté sur un marché

....

12. Nous regrettons de ne pas pouvoir vous fournir des renseignements plus favorables.

....

....

....

13. L'entreprise en question existe depuis dix ans.

....

14. L'année dernière, la Société a enregistré des pertes élevées.

....

15. De source bien informée nous apprenons que ...

....

16. En France, nous diffusons nos produits essentiellement dans les supermarchés.

....

....

....

17. A l'occasion de ce Salon, nous prévoyons une campagne de publicité.

....

....

18. Veuillez nous établir un devis détaillé.

....

19. Cette Maison a toujours respecté les délais de paiement.

....

....

20. Il s'agit d'une vieille Maison très réputée.

....

21. Nous vous conseillons d'être prudent.

....

22. Cette entreprise connaît de graves difficultés.

....

23. Pour autant que nous puissions en juger, ...

....

a) Bitte machen Sie uns eine detaillierte Kostenaufstellung (einen detaillierten Kostenvoranschlag).
b) Bitte wenden Sie sich an den zuständigen Sachbearbeiter.
c) Das betreffende Unternehmen besteht seit zehn Jahren.
d) Soweit wir dies beurteilen können, ...
e) Die auf beiliegendem Zettel genannte Firma ...
f) Es handelt sich um eine alteingesessene Firma mit ausgezeichnetem Ruf.
g) auf dem Markt gut vertreten (eingeführt) sein
h) Im letzten Jahr hat die Firma hohe Verluste erlitten (verzeichnet).
i) Diese Firma hat mit großen Schwierigkeiten zu kämpfen.
j) Anläßlich der Messe planen wir eine Werbekampagne.
k) Wir raten Ihnen zur Vorsicht (vorsichtig zu sein).
l) Diese Firma ist ihren Zahlungsverpflichtungen immer prompt nachgekommen (hat die Zahlungsfristen immer eingehalten).
m) Die Firma X hat Sie als Referenz genannt.
n) Wir möchten Auskünfte über Absatzmöglichkeiten.
o) Bitte setzen Sie sich möglichst frühzeitig mit uns in Verbindung.
p) Wir bedauern, Ihnen keine günstigeren Auskünfte geben zu können.
q) Wir bitten Sie, diese Auskünfte streng vertraulich zu behandeln.
r) Wir wollen auf dem österreichischen Markt Fuß fassen.
s) Aus gut unterrichteten Quellen verlautet (erfahren wir), daß ...
t) In Frankreich vertreiben (verkaufen) wir unsere Erzeugnisse hauptsächlich über Supermärkte.
u) Die Firma genießt einen guten Ruf.
v) Sie zählt zu unseren Stammkunden.
w) Wir produzieren nur hochwertige Artikel (Artikel des gehobenen Bedarfs).

E

Dans cet exercice apparaissent non seulement des termes développés dans les lettres précédentes mais aussi d'autres expressions souvent utilisées dans la correspondance commerciale. Choisissez le terme exact.

1. Die genannte/ernannte/geschriebene Firma hat uns einen Auftrag in Höhe/in Wert/in Umfang von DM ... erteilt.
2. Sie gibt Sie/Ihnen/Ihr als Empfehlen/Empfehlungsschreiben/Referenz an.
3. Könnten Sie uns bitte über das Geschäftsgebaren/ Geschäftsleiten/ Geschäftsführen dieser Firma Auskunft passieren/erteilen/nennen.
4. Wir danken Ihnen im voraus für eine ergänzte/erschöpfende/ganze Auskunft.
5. Wir sichern Ihnen absolute(s) Schweigen/Verschwiegenheit/Stille zu.
6. Zu Verdiensten/Rückdiensten/Gegendiensten sind wir gern bereit.
7. Der Inhaber der Firma genießt einen guten Rufes/erfreut sich einen guten Ruf/erfreut sich eines guten Rufes.
8. Wir zweifeln daran/darüber/davon, daß er seinen Verpflichtungen nachfolgen/ nachkommen/folgen kann.
9. Wie/Als/Inwieweit aus den Angaben der Firma hervorschaut/ herausgeht/ hervorgeht, handelt es sich um ein gut angeführtes/ eingeführtes/ ausgeführtes Unternehmen seiner Branche/Zweige/Sektoren.
10. Wir können Ihnen nur zu einem Geschäftsabschluß mit dieser Firma beraten/ raten/abraten.
11. Die Kapitaleinrichtung/Kapitalausstattung/Kapitalfähigkeit des Unternehmens ist hervorragend.
12. Die Zuverlässigkeit der Firma wird von allen Geschäftspartnern sehr abgeschätzt/eingeschätzt/geschätzt.
13. Wir müssen zur/auf/an Vorsicht/Achtung/Vorsehung raten.
14. Größere Zahlungserleichterungen sind unter/in/nach diesen Umständen nicht vertreten/vertretbar/einzutreten.
15. Die Kreditgläubigkeit/Kreditschuldigkeit/Kreditwürdigkeit läßt zu wünschen über/übrig/offen.
16. Wir verhandeln Ihre Auskunft/handeln mit Ihrer Auskunft/behandeln Ihre Auskunft selbstverständlich vertraulich/geheim/im Vertrauen.
17. Die Firma vertreibt/verbreitet/verteilt Artikel des hohen/höheren/gehobenen Bedarfs.
18. Die Firma ist auf/in/über dem Markt gut vertreten.
19. Wir möchten den Export auf den/in den/nach dem westdeutschen Markt weitern/ausdehnen/ausstrecken.
20. Wir beabsichtigen, auf dem französischen Markt Fuß zu stellen/setzen/fassen.
21. Um das Weihnachtsgeschäft zu beleben/leben/befördern, möchten wir regional angesiedelte/niedergelassene/angelegte Werbeaktionen durchführen.

22. Wir haben diese Werbekampagne einem Marketingbüro übergetragen/übergegeben/übertragen.

23. Wir exportieren in/ins/nach Ausland.

24. Unser Vertreter möchte Sie am/an/dem 27. Mai sehen kommen/besuchen/besichtigen.

25. Teilen Sie uns bitte so schnellstens wie möglich/so schnell wie möglich/schnellmöglichst mit, ob Ihnen dieser Termin geht/anpaßt/zusagt.

26. Unter/Bei/Betreffend der genannten Firma handelt es sich um eine OHG.

27. Die Firma wurde 1980 fundiert/geschaffen/gegründet und verfügt über ein gut gebautes/ausgebautes/erbautes Vertriebsnetz.

28. Soweit/Inwieweit/Inwiefern wir das urteilen/schätzen/beurteilen können, hat die Firma eine große Stammkundschaft.

29. Für ein Unternehmen dieser Größenordnung/dieses Größenrangs/dieser Größenzahl scheint die Höhe des Eigenkapitals gemessen/angemessen/ausgemessen zu sein.

30. Die Firma hat eine Belegung/eine Personalschaft/eine Belegschaft von 30 Mitarbeitern.

31. Wir nehmen/übernehmen/unternehmen für diese Erkundigung/Bekanntgabe/Auskunft keine Gewähr/Gewehr/Sicherheit.

32. Wie wir erfahren/gelernt/gewußt haben, erlitt die Firma kürzlich große Außenstände/Verluste/Gewinne.

33. Wir haben den Eindruck, daß die angespannte/gespannte/spannende finanzielle Lage auf Managementfehler zurückzuleiten/zurückzuführen/zu führen ist.

34. Sie können diesem Unternehmen ohne Gefährlichkeit/Verzögern/Bedenken den verlangten Kredit gewähren.

35. Die Firma hat niemals zu/bei/von Klagen Anlaß gegeben.

36. Die Firma genießt hohes Aufsehen/Vorsehen/Ansehen.

37. Wir haben diesen Termin gemerkt/vorgemerkt/verzeichnet.

38. Ich möchte diese Frage gern mit Ihnen persönlich vorsprechen/versprechen/besprechen.

39. Wir könnten zu/an/bei dieser Gelegenheit alle anliegenden/ankommenden/anstehenden Fragen erörtern.

40. Ich würde Ihnen gerne unsere neuen Modelle vorstellen/vorweisen/vorgeben.

41. Bezüglich/Hinsichtlich/Anläßlich dieser Ausstellung werde ich mich vom 02. - 13.04. in der Bundesrepublik aufenthalten/aufhalten/verweilen.

42. Teilen Sie uns bitte mit, ob es möglich ist, diesen Termin zu verschieben/verzögern/verspäten.

43. Der Leiter/Führer/Dirigent unserer Exportabteilung ist zu/an/in diesem Zeitpunkt leider nicht vorhanden/anwesend/vorrätig.

44. Uns liegt daran/darauf/darin, eine möglichst große Werbeauswirkung/Werbeeinwirkung/Werbewirkung zu erzielen.

45. Wir möchten wissen, welche Kosten dabei im einzelnen anfallen werden/getragen sind/zu leisten sind.

46. Unsere Artikel sind auf den Geschmack der breiten Käuferschichten angepaßt/vorgesehen/zugeschnitten.

47. Mit dieser Werbung sollen vor allem Jugendliche gezielt/bezweckt/angesprochen werden.

48. Wir möchten eine französische Firma mit dieser Werbung in Auftrag geben/beauftragen/anvertrauen.

49. Für das kommende Jahr planen wir eine weltliche/weltweite/weltläufige Werbekampagne.

F1

Cette lettre ne comporte ni majuscules, ni ponctuation, ni paragraphes. Présentez-la correctement.

lieber herr eisner einer der geschäftsführer der firma winterberg hat uns auf der letzten messe in hannover besucht und den wunsch geäußert mit uns in geschäftsverbindung zu treten da der in aussicht gestellte auftrag sehr hoch ist möchten wir uns vorher über zahlungsfähigkeit und geschäftsgebaren dieser firma erkundigen wir glauben daß ihnen eine beurteilung dieses unternehmens am ehesten möglich ist und legen daher großen wert auf ihre meinung selbstverständlich sichern wir ihnen zu ihre auskünfte mit der notwendigen verschwiegenheit zu behandeln mit bestem dank im voraus verbleiben wir mit freundlichen grüßen

F2

Cette lettre ne comporte ni majuscules, ni ponctuation, ni paragraphes. Présentez-la correctement.

lieber herr dupont über die in ihrem schreiben vom 27 10 genannte firma können wir ihnen bedauerlicherweise keine günstige auskunft erteilen auch wir haben mit dieser firma vor einiger zeit geschäfte getätigt und dabei keine guten erfahrungen gemacht sie hatte uns zunächst ebenfalls einen bedeutenden auftrag in aussicht gestellt und dabei ein zahlungsziel von drei monaten verlangt das wir auch gewährt haben wir erhielten dann aber nur mehrere kleine aufträge wobei die firma anschließend zweimal um zahlungsaufschub bat die ausführung der letzten bestellung lehnten wir ab da die begleichung von zwei rechnungen noch ausstand wir haben nicht den eindruck daß sich seit dieser zeit die zahlungsweise der firma geändert hat und können ihnen daher nur zur vorsicht raten bitte behandeln sie diese auskunft vertraulich mit freundlichen grüßen

F3

Présentez cette lettre correctement.

sehrgeehrterherrkreuzerwirdankenihnenfürihreanfragevom161019..undfreuenuns überdasinunsgesetztevertrauenaufgrundunsererbisherigenerfahrungenmitähnlich enproduktensindwirüberzeugtdaßderfranzösischemarktdurchausnochaufnahmefä higistdafürhautpflegemitteldermittlerenpreislageundbeidervonihnenangesprochen enkäuferschichtdeutlichdertrendzunaturproduktenfestzustellenisthättenihreartikel sicherlichgünstigeabsatzchancenwirmöchtensieallerdingsdaraufhinweisendaßuns inanbetrachtdervonihnengewünschtenwerbemaßnahmendasvorgesehenebudget nichtausreichenderscheintdamitsiesicheinevorstellungvondenanfallendenkostenm achenkönnenübersendenwirihnenanbeieineaufstellungmitdentarifenderjenigenwe rbeträgerdieinihremfallinfragekommenwirsehenihrerstellungnahmegerneentgegen mitfreundlichengrüßen

F4

A l'aide des éléments ci-contre, composez une lettre. (Attention, les majuscules de début de phrase ont été supprimées.)

– bitte teilen Sie uns rechtzeitig mit,
– außerdem ist es für uns wichtig, an Ort und Stelle
– wir müssen nämlich unsere Teilnahme an der Messe davon abhängig machen,
– sehr geehrte Damen und Herren,
– für die gesamte Dauer der Ausstellung.
– und ein ansprechendes Äußeres aufweisen,
– uns Ihre entsprechenden Unterlagen einschließlich der Preise zuzusenden.
– daß diese Frage im vorhinein zu unserer Zufriedenheit geregelt werden kann.
– und bitten Sie deshalb,
– sie sollten selbstverständlich die französische Sprache beherrschen,

– ob unseren Wünschen entsprochen werden kann
– zwei oder drei Hostessen für unseren Stand zu finden, und zwar
– mit freundlichen Grüßen
– wir möchten auf der nächsten Düsseldorfer Damenmode-Messe unseren Modeschmuck ausstellen
– kontaktfreudig und zuverlässig sein
– und mit welchen Kosten für die Hostessen wir zu rechnen haben.
– modische Kleidung wird von uns gestellt.
– damit sie den Schmuck unseren Kunden vorführen können.

F5

A l'aide des éléments ci-contre, composez une lettre. (Attention, les majuscules de début de phrase ont été supprimées.)

– wir wären Ihnen dankbar,
– wie wir unsere Beherbergungskapazität in den Monaten Oktober bis März besser auslasten könnten,
– mit freundlichen Grüßen
– ob derartige Maßnahmen Ihrer Ansicht nach erfolgversprechend sein könnten
– wir überlegen uns zur Zeit,
– mit je drei Hotels in der südlichen Bretagne und an der Languedoc-Küste,
– z. B. durch gezielte Werbung bei Verbänden, Firmen, Behörden usw.
– wir sind eine Hotelkette
– mit dem Hinweis, daß Sie bereits Marktstudien für das Hotel- und Gaststättengewerbe durchgeführt haben.
– Ihre Adresse wurde uns von der deutsch-französischen Handelskammer in Paris genannt
– sehr geehrte Damen und Herren,
– für die Veranstaltung von Tagungen und Seminaren in unseren Häusern.
– und jedes Haus verfügt über 200-220 Betten.
– und ob Sie an deren Konzeption und Durchführung interessiert sind.
– wenn Sie uns mitteilen würden,

F6

Dans cette lettre se sont glissées 6 fautes (mots manquants, mots de trop, mots inappropriés). Corrigez-les.

Sehr geehrter Herr Böttcher!

Bei unserem letzten Besuch erwähnen wir bereits, daß wir ein neues, kostensteigerndes Verfahren für die Installierung von Alu-Fenstern entwickelt haben. Die ersten Echos auf der nächsten Fachmesse hier in Paris waren überaus positiv, so daß wir früher als ursprünglich mit dem Vertrieb in Österreich beginnen werden.

Zwei unserer Techniker möchten Ihnen und Ihrem Mitarbeiterstab die neuen Materialien vorstellen, und zwar wäre dies am besten in der Epoche vom 1.-15. September möglich.

Wir wären Ihnen sehr verbunden, wenn Sie uns mitteilen würden, ob Sie — wie wir kaum annehmen — an diesem neuen Verfahren interessiert sind und welchen Termin wir für dieses Treffen vormerken dürfen.

Mit freundlichen Grüßen

F7

Présentez cette lettre correctement.

sehrgeehrterherrrougauxwirdankenihnenfürihremitteilungvom160719..undsindger
nebereitihrebeidenherreninunseremhausezuempfangendervonihnenvorgeschlag
enezeitraumliegtallerdingsfürunssehrungünstigdaeinteilunserermitarbeitersichind
ererstenseptemberhälfteinbelgradaufhältumanderdortigenösterreichschauteilzun
ehmenwäreesihnenmöglichstattdesseninderletztenseptemberwocheoderanfango
ktobernachsalzburgzukommenbittegebensieunsmöglichstbaldbescheidmitfreundli
chengrüßen

F8

Complétez la lettre en utilisant les éléments de phrases a-i.

Sehr geehrter Herr Peters,

der in Ihrem Schreiben vom 12.12.19.. genannte Vertreter ....

.... Als wir ihn ....

...., hatten wir

dort ....

Inzwischen ....,

und ....

Wir sind überzeugt, ...

..........................., auch für Ihre Erzeugnisse ....

...., wobei ihm ....

.... natürlich ....

....

Mit freundlichen Grüßen

- **a)** daß der Betreffende sich bemühen wird
- **b)** wir verfügen über eine beachtliche Stammkundschaft
- **c)** nur sehr wenige Abnehmer
- **d)** sehr zugutekommen wird
- **e)** hohe Umsatzsteigerungen zu erzielen
- **f)** ist seit fünf Jahren für uns tätig
- **g)** mit unserer Vertretung für Südwestfrankreich beauftragten
- **h)** ist dieser Markt gut erschlossen
- **i)** seine eingehende Kenntnis der einschlägigen Fachgeschäfte

G1 ***Pour les lettres suivantes, notez le / les points les plus importants dans la marge, en français. Rédigez ensuite, en allemand, la réponse à chaque lettre en respectant les indications manuscrites figurant en bas des lettres.***

Paul Drilling Besteckfabrik
Auf der Höhe 24, 42699 Solingen

Éts. Alain Léotin
120, rue de Flandre
F-75019 Paris

Solingen, den
18.04.19..

Bitte um Kreditauskunft Vertraulich

Sehr geehrter Herr Léotin,

wir stehen im Augenblick in Verhandlungen mit der auf beiliegendem Zettel angegebenen Firma, die uns bisher nicht bekannt war, und wären Ihnen sehr dankbar, wenn Sie uns einige Auskünfte über die Zuverlässigkeit und die Kreditwürdigkeit dieser Firma geben könnten.

Wir danken Ihnen im voraus für Ihre Bemühungen und versichern Ihnen, daß wir Ihre Angaben streng vertraulich behandeln werden.

Mit freundlichen Grüßen

excellente réputation
bon chiffre d'affaires
pas de problème de paiement

G2

HANNOVERSCHE WERKZEUGMASCHINENFABRIK AG
AM HOFGARTEN 29 – 30453 HANNOVER

Éts. Pierre Dumas
22, rue Léon Blum
F-31200 Toulouse

Hannover, den
03.04.19..

Termin für Besprechung

Sehr geehrter Herr Dumas,

ich beziehe mich auf unser Ende Februar geführtes Telefongespräch, in dem Sie erwähnten, daß eine Ihrer Fräsmaschinen ausgetauscht werden müßte.

Da ich mich in der Zeit vom 25.04. - 02.05. in Frankreich aufhalte, wäre es mir möglich, Sie aufzusuchen, um diese Frage eingehend mit Ihnen zu besprechen. Sollte Ihnen mein Besuch in dieser Zeit zusagen, so bitte ich Sie um eine kurze Mitteilung.

Zum Schluß noch eine kleine Bitte: Bei meinem letzten Aufenthalt in Toulouse wohnte ich in einem sehr angenehmen Hotel, das Sie mir empfohlen hatten und dessen Adresse ich leider verloren habe. Könnten Sie mir die Telefon- und Telefaxnummer noch einmal schreiben?

Mit bestem Dank im voraus verbleibe ich

mit freundlichen Grüßen

- d'accord pour le 27/4 à 19h.
- proposer de lui réserver une chambre d'hôtel pour la veille.
- indiquer n° telex et téléphone du Grand Hôtel de l'Opéra.

CLEMENS LOTZ KG -
INDUSTRIEFOTOGRAFIE
HERMANNSTR. 8, 07548 GERA

Éts. Mauss France S. A.
28, rue de la Course
F- 75008 Paris

Gera, den
14.02.19..

Bitte um Termin

Sehr geehrte Damen und Herren,

die Fa. Mauss AG, Siegburg, hat mich damit beauftragt, eine Informationsschrift über ihre Niederlassungen in Westeuropa zusammenzustellen.

Die dafür notwendigen Fotos sollen in der ersten Juniwoche aufgenommen werden.

Leider kann ich Ihnen im Augenblick noch keinen genauen Termin nennen und werde Sie zu gegebener Zeit kurzfristig telefonisch verständigen. Ich wäre Ihnen dankbar, wenn Sie sich in der Zwischenzeit bereits überlegen könnten, welche Räumlichkeiten und evtl.welche Arbeitsabläufe dargestellt werden sollen.

Mit freundlichen Grüßen

reporter la date
travaux de réfection
en juin

G4

WEISSMÜLLER & CO.
In der Schnoor 2
28195 BREMEN

Banque de Commerce
2, rue de la Bourse
F-44000 Nantes

Bremen, den
21.07.19..

Bitte um Auskunft   Vertraulich

Sehr geehrte Damen und Herren,

die Fa. Albert Lestier, Nantes, hat uns eineumfangreiche Bestellung aufgegeben und Ihre Bank als Referenz genannt.

Da die Firma auf einem längeren Zahlungsziel besteht, bitten wir Sie — bevor wir den Auftrag bestätigen — um Auskunft über die finanziellen Verhältnisse und über die Kreditwürdigkeit dieses Unternehmens.

Sie können versichert sein, daß wir Ihre Angaben mit der nötigen Verschwiegenheit behandeln werden.

Mit bestem Dank im voraus verbleiben wir

mit freundlichen Grüßen

entreprise très récente
rester évasif.

H1

Kapitalrenditen bis zu 30 Prozent im Markt des Videofilmverleihs und -verkaufs

Wir erstellen Videotheken nach dem Shop-in-shop-System in einer großen Kaufhauskette und in umsatzstarken, hochfrequentierten Verbrauchermärkten zunächst in Süddeutschland. Nutzungsverträge liegen vor.
Wir erstellen und betreiben Videotheken nach modernen Marketingmethoden sowie mit EDV-gestützter Warenwirtschaft und Kundenbetreuung.

Drei Pilot-Projekte arbeiten bereits. Die Investitionen pro Videothek liegen zwischen 160.000 DM und 350.000 DM. Die Mindestbeteiligung liegt bei 50.000 DM. Je Projekt wird eine Kommanditgesellschaft gegründet. Fordern Sie unsere Unterlagen an.

VFM VIDEOTHEKEN GMBH
SONNENLEITE 3 82327 TUTZING

1. La Société Lemaire, Colmar, est intéressée par l'annonce ci-dessus. Elle s'adresse à Auskunftei Hamacher à Munich — spécialisée dans les renseignements commerciaux — pour obtenir toutes informations utiles sur l'annonceur.

2. Auskunftei Hamacher répond.

H2

MARKETING – Aktivitäten die Ihren VERKAUF fördern:

Haushaltwerbung: 500.000 Stück Prospekte pro Arbeitstag von Montag bis Samstag können durch uns zuverlässig und korrekt verteilt werden.

Promotion und Abverkaufsförderung : Ca. 500 geschulte Verkaufsberaterinnen können zum Einsatz gebracht werden. Sämtliche Mitarbeiter verfügen über längere Verkaufserfahrung, sind gepflegt und haben gute Umgangsformen.

Merchandising: Ca. 800 geschulte Servicekräfte übernehmen sämtliche Arbeiten wie Warenübernahme, Bearbeitung u. Plazierung, Präsentation im Regal, Nachbestückung aus Lagerbeständen, Einrichtung von Sonderaktionsplätzen, Aufstellung von Display- u. Werbematerial sowie Nachbestellung von Normalware.

MARKETING & PROMOTION **Donath Ges. für Absatzförderung mbH.**
Humboldtstraße 8, Postfach 2167, 76131 Karlsruhe
Telefon (0721) 61 17 08, Telefax (0721) 61 17 34

1. La Société Bernard Pierre & Fils veut introduire sa nouvelle gamme de chaussettes pour enfants dans les supermarchés et les grandes surfaces en R.F.A. Elle demande à “Marketing & Promotion” de lui soumettre un projet concernant le placement et la présentation de ses articles dans les rayons de ces magasins ainsi qu'un devis des frais à envisager.

2. “Marketing & Promotion” répond.

H3

CINE-OPTAGON

IHR PARTNER BEI DER FILMHERSTELLUNG, DEM SIE VERTRAUEN KÖNNEN

22453 Hamburg, Postfach 73 01 32, Tel.: (040) 661662, Telefax: (040) 661663

kostenlose Beratung — OPTAGON — unverbindliches Angebot

WERBEFILME – TV-SPOTS – INDUSTRIEFILME

1. La Société Richard & Fils veut faire produire un film vidéo de 15 minutes environ donnant des informations sur les activités de ses filiales en R.F.A. et qui sera destiné à la prospection de nouveaux clients.

2. Les Éts. Cine-Optagon répondent.

H4

deco
—projekt—

Ladeneinrichtungen • Messestände • Display

Auf dem Hüls 8 • Postfach 20 01 48 • 40822 Mettmann
Tel. (02104) 7856

1. La Société Lunettex participera à la prochaine “Optica” (Salon International de l’Industrie Ophtalmique), qui aura lieu à Cologne, au mois de mai. Elle demande aux Éts. Deco-Projekt un devis pour l’agencement d’un stand de 20 m^2 environ.

2. Les Éts. Deco-Projekt répondent.

H5

VARIANORM MESSEBAU KG

H. HEINDL

BOSCHSTR. 5, POSTFACH 3107 71384 WEINSTADT-GROSSHEPPACH

Ihr Messestand in Köln ist bestimmt noch nicht Ihr wichtigstes Problem. Lassen Sie es auch gar nicht so weit kommen. Sprechen Sie mit uns. An der langjährigen Erfahrung auf allen internationalen Messen in der Bundesrepublik, in Frankreich, Italien und dem Ostblock partizipieren unsere Kunden.

Bestimmen Sie den Kurs.
Wir planen, entwerfen, organisieren und bauen - schlüsselfertig. Ob in unserem Standbau-System Varianorm oder konventionell. Auf Miet- oder Kaufbasis, zu einem vernünftigen Preis.

Auch die vollständige Werbeausstattung, Beschriftung, Großfotos, Blickfänge und Plakate, fertigen wir im eigenen Betrieb.

Noch eines sollten Sie über uns wissen: Zuverlässigkeit, Pünktlichkeit und Sorgfalt sind für jeden einzelnen unserer Mitarbeiter selbstverständlich. Das erforderliche Vertrauen für einen erfolgreichen Messeabschluß erarbeiten wir uns durch besondere Leistungen und Einsatzbereitschaft. Nicht umsonst haben wir für unsere Kunden, die aus den verschiedensten Branchen kommen, nach dem ersten Messestand auch die nachfolgenden gebaut, ob in Düsseldorf, Hannover, Mailand oder, oder, oder....

Wir sind davon überzeugt, daß auch Sie eine begonnene Zusammenarbeit mit uns fortsetzen werden.

Mitglied im FAMAB
Fachverband Messe-und
Ausstellungsbau e.V.

1. Les Éts. Durand demandent des informations.

2. La Société Varionorm Messebau répond.

1

Lamotte & Cie. 50, rue Saint-Fort F-69000 Lyon – Hersteller von Adressier- und Faltmaschinen – beliefert viele deutsche Firmen	Import-Export-Bank KGaA Rathausplatz D-81241 München

a) Les Éts. Lamotte demandent des renseignements sur la Société Büromaschinen-Import GmbH, München, qui passe commande pour la première fois.

b) La Import-Export-Bank donne des renseignements favorables.

2

Henri Bertin & Fils 27, rue du Sentier F-75002 Paris – Fabrikant von modischen Blusen – mittelgroßes Unternehmen	Marina-Versand Wandsbeker Str. 3 - 7 D-22179 Hamburg – großes Textil-Versandhaus

a) M. Jean-Jacques Bertin demande à M. Heinz Sauer, directeur des achats de la Société Marina-Versand, des renseignements sur les Éts. Joseph Becker & Co., Mannheim, qui veulent obtenir l'exclusivité régionale de vente pour un certain nombre d'articles.

b) M. Sauer donne des renseignements défavorables.

3

Béranger & Talliot S.A.
12, rue du Palais
F-13007 Marseille

– Hersteller von Textverarbeitungsmaschinen

Axel Nägeli & Söhne
Talstr. 178
CH-8040 Zürich

a) La Société Béranger & Talliot écrit aux Éts. Axel Nägeli pour obtenir des renseignements sur les Ets. Patrick Mercier, Lausanne. Ces derniers ont demandé un délai de paiement de deux mois et indiqué les Éts. Axel Nägeli comme référence.

b) Les Éts. Axel Nägeli donnent des renseignements très favorables.

4

Éts. Sources Vattel
34, rue des Tilleuls
F-67100 Strasbourg

– Mineralwasser- und Fruchtsaftsektor

– beliefert hauptsächlich Gaststätten und Restaurants

Promosa
Marketinggesellschaft mbH
Weinstr. 26
D-69126 Heidelberg

– spezialisiert auf Marketingaufgaben für den Lebensmittelbereich

a) Les Éts. Sources Vattel désirent introduire leurs produits sur le marché allemand. Ils visent une part de marché de 20 % au bout de deux à trois ans et demandent quel serait le budget annuel à consacrer à la publicité et aux campagnes de promotion.

b) La Société Promosa répond.

5

Éts. Pierre Dumont 16, rue du Mail F-49000 Angers – Hersteller von Trinkgläsern – Massenproduktion – in der Bundesrepublik gut eingeführt	Hans Klein & Viktor Stephens Gartenweg 23 D-07743 Jena – Werbeagentur und Graphikbüro

a) Les Éts. Pierre Dumont veulent lancer une campagne publicitaire par voie de presse et affiches et demandent aux Éts. Hans Klein & Viktor Stephens s'ils sont en mesure de concevoir les annonces et les affiches, et ce dans un délai de trois mois.

b) Les Éts. Hans Klein & Viktor Stephens répondent.

6

Start-Sports 41, bd. de Strasbourg F-75010 Paris – Entwurf und Herstellung von Sportartikeln – Erzeugnisse für den gehobenen Bedarf	Münchner Messegesellschaft mbH Postfach 20 16 08 D-81827 München

a) Les Éts. Start-Sports ont exposé l'année dernière au Salon des Sports et des Loisirs où ils occupaient un stand dans le hall n° 3. Ils exigent pour cette année un stand dans le hall n° 1.

b) La Münchner Messegesellschaft mbH répond.

7

Franz Maier & Co. Poststr. 14 D-20354 Hamburg – Hersteller von Büromöbeln – stellt auf den großen Fachmessen aus	Ballant S.A. 145, bd. Haussmann F-75008 Paris – Großhandlung für neuzeitliche Büromöbel – Spezialhaus für die Einrichtung von Großraumbüros

a) Les Éts. Franz Maier vont exposer au Sicob à Paris. Le directeur des ventes sera présent pendant les deux premiers jours de l'exposition et aimerait à cette occasion rencontrer M. Thierry Ballant, P.-D.G. de la Société Ballant.

b) M. Thierry Ballant répond.

8

Peter Stein KG Hunsrückstr. 14 D-55743 Idar-Oberstein – Edelsteinschleiferei – individuelle Fertigungen	Partier S.A. 12, rue du Fbg. St. Honoré F-75008 Paris – renommiertes Schmuckfachgeschäft – internationale Kundschaft

a) Les Éts. Peter Stein ont créé une nouvelle collection. M. Ernst Stein se rendra prochainement à Paris et se propose de présenter la collection à M. Partier.

b) La Société Partier répond.

CHAPITRE 5

Recherche et offre de représentation commerciale

Candidatures pour stages en entreprise

Vertretungsgesuche und Vertretungsangebote

Bewerbungen um Praktikantenstellen

A1 PROJET DE CONTRAT DE REPRÉSENTATION COMMERCIALE DANS LES RELATIONS INTERNATIONALES

(extraits)

Soulignez dans le texte allemand les passages qui vous paraissent correspondre à ceux qui sont soulignés dans le texte français.

Par les présentes, la Société .... (désignée désormais sous le nom de "commettant") mandate .... (appelé désormais "représentant") aux fins d'exercer, pour le compte de la première, et dans les limites territoriales ci-après déterminées, les fonctions de représentant exclusif pour ses fabrications suivantes:

Le représentant s'oblige à n'exercer, au profit de sociétés tierces, aucune activité susceptible de contrarier l'essor industriel ou commercial de son commettant. Il devra veiller à ce que la clientèle prospectée soit solvable, de bonne moralité commerciale et qu'elle ne figure sur aucune liste noire.

A moins qu'il n'en soit expressément convenu, par écrit, le représentant n'a en aucun cas la faculté d'encaissement des factures consécutives aux ordres passés par son intermédiaire.

Le représentant est rémunéré par un pourcentage de ... % sur le montant des ventes dont il a favorisé la conclusion. Il pourra faire valoir son droit à commission aussi bien sur les ordres directs que sur les ordres indirects.

Le montant des commissions dues au représentant lui est versé ...

L'annulation d'une commande en raison du retard apporté a son exécution ne prive pas le représentant de son droit à la commission si le commettant ne peut apporter la preuve qu'un cas fortuit ou de force majeure l'a empêché d'exécuter ponctuellement ladite commande.

Chacune des parties pourra librement résilier ce contrat à condition de respecter un préavis de .... mois.

En cas de litige relatif à l'interprétation, l'exécution ou la non-exécution d'une des dispositions du présent contrat, le Tribunal de .... est seul compétent pour en juger.

Document établi par le service juridique du C.F.C.E.

HANDELSVERTRETUNGSVERTRAG
(Auszüge)

Die Firma .... (vertretene Firma) betraut die Firma .... (Handelsvertreter) in .... mit ihrer Alleinvertretung für den Bezirk .... zum Verkauf folgender Waren:

Der Handelsvertreter hat sich um die Vermittlung von Geschäften zu bemühen und ist verpflichtet, hierbei das Interesse der vertretenen Firma mit der Sorgfalt eines ordentlichen Kaufmanns zu wahren.

Der Handelsvertreter ist zum Inkasso von Kundengeldern nur berechtigt, wenn er von der vertretenen Firma dazu ausdrücklich bevollmächtigt ist.

Die Provision beträgt .... % (in Worten .... Prozent) vom Rechnungsbetrag für alle direkten und indirekten Geschäfte, die mit Abnehmern des in Ziffer 1 angegebenen Bezirks abgeschlossen worden sind.

Die vertretene Firma erteilt dem Handelsvertreter für jeden Kalendermonat, spätestens bis zum 15. des folgenden Monats, eine Provisionsabrechnung über die in dem Kalendermonat erfolgten Lieferungen. Der hiernach dem Handelsvertreter zustehende Provisionsbetrag ist mit der Abrechnung zahlbar.

Die Provision ist auch zu zahlen, wenn das Geschäft nicht oder nicht so ausgeführt wird, wie es abgeschlossen worden ist. Dies gilt jedoch dann nicht, wenn die vertretene Firma nachweisen kann, daß sie insoweit kein Verschulden trifft.

Dieser Vertrag kann von jedem Vertragspartner unter Einhaltung einer Kündigungsfrist von .... Monaten durch eingeschriebenen Brief gekündigt werden.

Gerichtsstand für etwaige Rechtsstreitigkeiten ist ....

A2 CONTRAT DE TRAVAIL A DURÉE DÉTERMINÉE

(extraits)

Soulignez dans le texte allemand les passages qui vous paraissent correspondre à ceux qui sont soulignés dans le texte français.

Nous vous engageons en qualité de ....
pour une période de ....

Ce contrat prendra effet à partir du ....

L'horaire hebdomadaire de l'entreprise est de 38,5 heures, avec une pause de 45 minutes pour le déjeuner.

Le présent contrat de travail pourra être résilié de part et d'autre avec un préavis de .... jours.

Votre rémunération mensuelle s'élèvera à .... et vous bénéficierez de tous les avantages sociaux accordés à notre personnel.

Vous trouverez en annexe un extrait du règlement intérieur et des principales dispositions de la Convention Collective de l'Industrie ....
dont relève notre entreprise.

Toute modification apportée au présent contrat devra faire l'objet d'une notification écrite.

Vous voudrez bien nous retourner un exemplaire du présent contrat revêtu de votre signature pour accord.

DIENSTVERTRAG FÜR ZEITBESTIMMTE ARBEITSVERHÄLTNISSE

(Auszüge)

1. **Tätigkeit**
   Der Arbeitnehmer wird ab .... für folgende Arbeiten eingestellt : ....
   Der Arbeitnehmer wird nach näherer Anweisung seiner Vorgesetzten beschäftigt und ist verpflichtet, auch andere zumutbare Arbeiten zu verrichten.
   Die wöchentliche Arbeitszeit beträgt .... Stunden.

2. **Vertragsende**
   Das Arbeitsverhältnis ist bis zum .... befristet.
   Es endet zu diesem Zeitpunkt, ohne daß es einer Kündigung bedarf.

3. **Vorzeitige Kündigung**
   Während der Dauer des zeitbestimmten Arbeitsverhältnisses kann beiderseits auch vorzeitig mit einer Frist von .... gekündigt werden. Die Kündigung vor Arbeitsantritt ist ausgeschlossen.

4. **Vergütung**
   Der Arbeitnehmer erhält eine Stunden-/Tages-/Wochen-/Monatsvergütung von DM .... brutto.

5. **Kollektiv-Regelungen**
   Für die Arbeitsbedingungen gelten, soweit sich nach der Natur des Arbeitsverhältnisses nicht anderes ergibt, die jeweiligen Tarifverträge, sowie evtl. Betriebsvereinbarungen und Arbeitsordnungen der Arbeitsstätte, in welcher der Arbeitnehmer eingesetzt wird.

6. **Nebenbeschäftigung**
   Während der Dauer des Arbeitsverhältnisses ist jede entgeltliche oder das Arbeitsverhältnis beeinträchtigende Nebenbeschäftigung nur mit Zustimmung des Arbeitgebers zulässig.

7. **Vertragsstrafe**
   Der Arbeitnehmer verpflichtet sich, dem Arbeitgeber eine Vertragsstrafe in Höhe eines Wochen-/Monatsverdienstes zu zahlen, wenn er die Arbeit nicht aufnimmt oder später das Arbeitsverhältnis vertragswidrig löst. Entsprechendes gilt auch für den Arbeitgeber.

8. **Vertragsänderungen**
   Mündliche Nebenabreden bestehen nicht. Änderungen und Ergänzungen dieses Vertrages bedürfen der Schriftform.

B1

YNO S. A., franz. Herst von Reinigungsgeräten f. Parkanlagen, Sportplätze usw. (Aufsammeln von Laub, Rasen, Papier...) sucht deutschen Importeur, gut eingef. im Fachbereich Geräte. f Parkanl. zwecks Vertrieb i.d. BRD.

Sehr geehrte Damen und Herren,

mit großem Interesse haben wir Ihre Anzeige in "Contact" vom 27. 04.19.. gelesen.

Wir vertreiben seit über 15 Jahren Gartengeräte aller Art und insbesondere Hochleistungs-Rasenmäher deutscher und ausländischer Fabrikation, sind bei Stadtverwaltungen, Vereinen und großen Firmen in der gesamten Bundesrepublik sehr gut eingeführt und verfügen über ein Auslieferungslager in Bingen und je eine zusätzliche Lagerhalle in Kiel und in Ulm.

Ihre Reinigungsgeräte könnten unser Sortiment durchaus ergänzen, wobei wir allerdings darauf hinweisen müssen, daß unsere Abnehmer zwar im allgemeinen bereit sind, für ihre Anschaffungen einen angemessenen Preis zu zahlen, sie andererseits aber hohe Ansprüche an Leistungsfähigkeit und Zuverlässigkeit der Maschinen stellen.

Wir bitten Sie also um Mitteilung Ihrer Konditionen und würden uns freuen, wenn es zu einer beiderseits fruchtbaren Zusammenarbeit kommen könnte.

Mit freundlichen Grüßen

B2

Wir sind ein mittelständischer franz. Betrieb und stellen Feinmechanikteile als Lohnarbeit her. Wir suchen einen bei den Luftfahrt- und Rüstungsindustr. bestens eingeführten Vertreter. Provisionsvergütung.

Sehr geehrte Damen und Herren,

ich beziehe mich auf Ihre Anzeige in der Zeitschrift der deutsch-französischen Handelskammer.

Diese Anzeige interessiert mich um so mehr, als ich bereits über eine langjährige Erfahrung in diesen Branchen verfüge und für mehrere mittelständische Firmen den Absatz innerhalb kurzer Zeit ganz beträchtlich steigern konnte. Zu meinem Kundenkreis zählen alle einschlägigen

.../...

.../...

Unternehmen des Flugzeugbaus und ein großer Teil der im Rüstungsbereich tätigen Maschinenbaufirmen.

Da aus Ihrer Anzeige nicht hervorgeht, über welche Fertigungsmöglichkeiten Sie verfügen, bitte ich Sie zunächst, mir nähere Einzelheiten mitzuteilen. Ebenso interessieren mich Ihre Vorstellungen hinsichtlich der Provisionsgestaltung.

Mit freundlichen Grüßen

B3

Schweizer Ingenieur-Gesellschaft sucht für die Schweiz zur Diversifikation Übernahme von

General- oder Gebietsvertretung

auf folgenden Gebieten:

- Umweltschutz, Entstaubungs- und Produktrückgewinnungs-Anlagen
- Bauwesen, Energieberatung
- Wasseraufbereitung, Kläranlagen

Wir bieten Erfahrung auf dem Sektor schlüsselfertiger Anlagebau und in oben erwähnten Gebieten. Unterhalten einen Service für unsere Anlagen in der ganzen Schweiz. Erfolgreiche Ausland-Tätigkeiten.

Kontaktaufnahme unter Chiffre 9343 CH ofa Orell Füssli Werbe AG, Postfach, CH-7002 Chur 2.

Sehr geehrte Damen und Herren,

Ihrer Anzeige vom 21.06.19.. entnehmen wir, daß Sie Ihren Angebotskatalog erweitern wollen.

Wir sind ein französischer Hersteller von Filteranlagen für industrielle Rückstände und wären sehr daran interessiert, einen Generalvertreter für unsere Erzeugnisse in der Schweiz zu finden. Damit Sie sich ein genaues Bild von unseren Anlagen machen können, senden wir Ihnen mit getrennter Post ausführliches Dokumentationsmaterial.

.../...

.../...

Wir sind bereits auf dem deutschen, belgischen und holländischen Markt gut vertreten und können uns vorstellen, daß unsere Produkte auch in der Schweiz großen Absatz finden werden.

Sollte unser Angebot Ihr Interesse finden, so bitten wir Sie um nähere Auskünfte über Ihre bisherige Tätigkeit sowie um Mitteilung, inwieweit Ihr Kundendienst im Hinblick auf unsere Anlagen ausbaufähig wäre.

Mit freundlichen Grüßen

B4

Auslieferungslager im Raum Hannover frei

Wir bieten; 400 m² Lagerraum – Laderampe für Lkw – direkter Autobahnanschluß – Büro mit Personal für Lagerhaltung und Auslieferung mit eigenen Fahrzeugen – Fahrzeugpark vorhanden – Fachkräfte für anfallende Montagen – kaufm. Führung und Flexibilität werden garantiert.

Zuschriften erbeten unter TL 353776 an die Frankfurter Allgemeine, Postfach 2901, 60354 Ffm.

Sehr geehrte Damen und Herren,

wie Sie aus unserem Briefkopf ersehen, sind wir ein französischer Hersteller von Kiefernmöbeln.

Die Kapazität unseres bisherigen Auslieferungslagers in Frankfurt reicht nicht mehr aus, um den norddeutschen Raum zu beliefern, so daß wir gerne Ihre Dienste in Anspruch nehmen würden.

Bitte teilen Sie uns möglichst umgehend Ihre genauen Konditionen mit, denn unser Verkaufsleiter, Herr Ducrou, hält sich Anfang Oktober in der Bundesrepublik auf und könnte die Angelegenheit dann eventuell in Hannover mit Ihnen besprechen.

Wir erwarten Ihren baldigen Bescheid und verbleiben

mit freundlichen Grüßen

B5

Freier Handelsvertr. (Agent Commercial), Deutscher. Seit 20 J. in Frkr. sucht z. Vervollständigung der derz. Palette den Mitvertrieb von Prod. f. den BÜROBEDARF u. WERBEARTIKEL. Alleinvertretung auf Provisionsbasis. Gut eingef. bei Grossisten in ganz Frkr. Es kommen nur Hersteller in Frage. P. Wolters, B.P. 326, 75010 Paris.

Sehr geehrter Herr Wolters!

Wir beziehen uns auf Ihre o.g. Anzeige, die uns interessiert, da wir zur Zeit versuchen, unsere Büroartikel verstärkt ins Ausland zu verkaufen. Wir suchen daher einen erfahrenen und gut eingeführten Vertreter, dem wir eventuell den Alleinvertrieb für ganz Frankreich übertragen würden.

Unser Produktsortiment entnehmen Sie bitte dem beiliegenden Katalog, der auch unsere Liefer- und Zahlungsbedingungen enthält.

Unsere Artikel finden in der Bundesrepublik und auch in Skandinavien einen ständig steigenden Absatz, und wir sind durchaus bereit, die Anlaufphase in Frankreich mit einem angemessenen Werbebudget zu unterstützen.

Mit freundlichen Grüßen

B6

Sehr geehrte Damen und Herren,

wir sind eine der führenden Hochschulen für Unternehmensführung in Südwestfrankreich und bereiten unsere Studenten in einem sechssemestrigen Studiengang auf Positionen im mittleren Management vor. Ein großer Teil dieser Studenten wird später erfahrungsgemäß in import- und exportorientierten Unternehmen tätig sein.

Um unsere Studenten mit den Wirtschaftsstrukturen in der Bundesrepublik und den sozialen Beziehungen in dortigen Firmen besser vertraut zu machen und sie gleichzeitig auch verstärkt für die deutsche Sprache zu interessieren, legen wir ihnen nahe, ein einmonatiges Praktikum in einem deutschen Unternehmen abzuleisten.

Während dieses Praktikums sollen die Studenten so weit wie möglich die verschiedenen Abteilungen des betreffenden Unternehmens kennenlernen und im Anschluß daran einen Erfahrungsbericht verfassen, der in der Jahresbewertung berücksichtigt wird.

.../...

.../...

Das Studienjahr endet bei uns am 25. Juni, so daß für dieses Praktikum die Monate Juli, August bzw. September zur Verfügung stehen.

Wir würden uns sehr freuen, wenn Sie innerhalb dieses Zeitraums eine Studentin/einen Studenten in Ihrer Firma aufnehmen könnten, und danken Ihnen im voraus bestens für Ihr Verständnis und Ihre Bemühungen.

Mit vorzüglicher Hochachtung

B7

An die
Zentralstelle für Arbeitsvermittlung
Feuerbachstr. 42
D-60325 Frankfurt (Main)

Betr.: Arbeit als Werkstudent

Sehr geehrte Damen und Herren,

ich möchte mich während der kommenden Sommerferien gerne bei einer deutschen Firma in Baden-Württemberg als Werkstudent bewerben und wäre Ihnen dankbar, wenn Sie mir eine Liste mit den Adressen der dafür infrage kommenden Unternehmen zusenden könnten. Einen internationalen Antwortschein lege ich bei.

Mit bestem Dank im voraus für Ihre Bemühungen verbleibe ich

mit freundlichen Grüßen

B8

Sehr geehrte Damen und Herren,

ich studiere zur Zeit im fünften Semester Volks- und Betriebswirtschaft an der Wirtschaftshochschule ... und habe dort auch das Wahlfach Deutsch belegt. Um meine Deutschkenntnisse zu verbessern und die Arbeit in einem deutschen Unternehmen näher kennenzulernen, suche ich während der kommenden Semesterferien - d. h. in der Zeit zwischen dem 20. Juni und dem 15. September 19.. - für zwei Monate eine Arbeit als Werkstudent in einer Firma im Raum Hannover.

.../...

.../...

Wie Sie aus meinem beigefügten Lebenslauf ersehen, habe ich in den letzten beiden Jahren bereits zweimal in französischen Firmen gearbeitet, und als Nachweis meiner Deutschkenntnisse lege ich Ihnen in Fotokopie das Zeugnis der Zentralen Mittelstufenprüfung des Goethe-Instituts bei.

Ich würde mich sehr freuen, wenn Sie meine Bewerbung berücksichtigen könnten, und verbleibe

mit freundlichen Grüßen

B9

LEBENSLAUF

Name: ....

Adresse: ....

Geburtsdatum: ....

Geburtsort: ....

Schulbildung:	19..- 19..	Grundschule
	19..- 19..	Gymnasium Paris
	19..- 19..	Gymnasium Versailles
	Juni 19..	Abitur C (naturwissenschaftlicher Zweig)
	19..- 19..	Vorbereitungsklassen für die Eingangsprüfung der Wirtschaftshochschulen
	seit 19..	Studium an der Wirtschaftshochschule...
Berufliche Erfahrung:	Juli/August 19..	Praktikum in der Buchhaltungsabteilung der Fa. COOP, Paris
	Juli/August 19..	Werkstudent bei Shell S.A. (France) in der Produktionsabteilung

B10

Sehr geehrte Frau Perrin,

vielen Dank für Ihr Schreiben und Ihr Interesse an unserem Unternehmen.

Wir müssen Ihnen leider mitteilen, daß wir unsere Planung bezüglich Einsatz von Praktikanten für das Jahr 19.. bereits Anfang November abgeschlossen haben. Aufgrund etlicher Umstrukturierungen in unserer Unternehmensgruppe besteht leider auch keine Möglichkeit, zusätzliche Praktikantenplätze im nächsten Jahr anzubieten.

Wir bedauern sehr, Ihre Bemühungen nicht unterstützen zu können. Falls Sie erhebliche Schwierigkeiten haben sollten, für alle Ihre Studenten einen Praktikumsplatz zu finden, schlagen wir vor, daß Sie sich etwa im März 19.. noch einmal an uns wenden, sofern Ihre Planung dies zuläßt. Möglicherweise ist einer unserer Studenten von seinem Praktikum zurückgetreten, so daß wir Ihnen kurzfristig eventuell doch noch einen Platz anbieten können.

Mit freundlichen Grüßen

B11

Sehr geehrte Damen und Herren,

wir haben Ihr Rundschreiben vom 14. November 19.. in Händen und können Ihnen mitteilen, daß sich für ein bis zwei Studenten/innen in der Zeit vom 11. Juni bis 31. Juli 19.. die Möglichkeit eines Praktikums in unserem Werk bietet.

Die Betreffenden würden dann in eine unserer Produktionsabteilungen aufgenommen, ohne in den regulären Arbeitsprozeß eingegliedert zu werden, und hätten somit die Möglichkeit, die von Ihnen gewünschten Erkenntnisse zu gewinnen.

Wir gehen davon aus, daß es sich nicht um eine Tätigkeit gegen Entgelt aufgrund eines Arbeitsvertrages handeln soll und daß wir nicht für die Unterkunft zu sorgen haben.

Wir erwarten Ihre Stellungnahme und verbleiben

mit freundlichen Grüßen

B12

Sehr geehrtes Fräulein Entremont,

unter Bezugnahme auf Ihre Anfrage vom 23.03.19.. teilen wir Ihnen mit, daß wir gerne bereit sind, Sie ab 01.06.19.. für die Dauer von vier Wochen bei uns als Werkstudentin zu beschäftigen. Als Entlohnung sind ...,.. DM in der Stunde vorgesehen.

Sie erhalten als Anlage einen Arbeitsvertrag mit der Bitte, das Original dieses Vertrages bis spätestens 30.04.19.. unterschrieben an uns zurückzusenden, da wir uns solange daran gebunden fühlen. Sollte der Vertrag bis dahin nicht eingegangen sein, betrachten wir Ihre Bewerbung als erledigt.

Bitte beachten Sie, daß Sie sich um eine Unterkunft in Mannheim selbst bemühen müssen.

Mit freundlichen Grüßen

D1 POSER SA CANDIDATURE

Ich bewerbe mich	um die Vertretung Ihrer Erzeugnisse als Vertreter für Ihre Erzeugnisse um die Stelle als …
Ich bin interessiert	an dem Alleinvertrieb Ihrer Erzeugnisse an einer Arbeit als Werkstudentin in Ihrer Firma
Ich interessiere mich	für den Import Ihrer Erzeugnisse für ein Praktikum in Ihrer Firma

Complétez avec tous les mots possibles dans ce contexte.

Praktikantenstelle Generalvertreter Praktikant Generalvertretung
Import Alleinimporteur
Werkstudent Aushilfstätigkeit Vertrieb
Praktikum
Konzessionär Alleinvertreter
Aushilfskraft Volontärin

Préposition plus, éventuellement, article

Ich bewerbe mich

....
....
....
....
....
....
....
....

Ich bin ... interressiert

Préposition plus, éventuellement, article	
....	....
....	....
....	....
....	....
....	....
....	....
....	....
....	....

Ich interessiere mich

Préposition plus, éventuellement, article	
....	....
....	....
....	....
....	....
....	....
....	....
....	....
....	....

D2 SE PRÉSENTER

1. Présentez-vous, à partir des éléments ci-contre, à une entreprise susceptible de vous embaucher pour un stage.

Ich bin
- Französin/Franzose
- 25 Jahre alt
- 1965 geboren

Ich studiere zur Zeit
- Wirtschaftswissenschaften
- an der Universität Paris IX

Ich arbeite zur Zeit für	– die Firma …
Ich vertrete zur Zeit	– die Firma … – die Interessen der Firma …
Ich bin zur Zeit ... tätig	– als Vertreter der Firma ...
Ich beherrsche	– die deutsche Sprache in Wort und Schrift
Ich spreche	– fließend Deutsch
Ich verfüge über	– gute/einige Deutschkenntnisse – Kenntnisse in Handelsrecht – Erfahrungen im Aufbau eines Vertriebsnetzes

2. Présentez-vous, à partir des éléments ci-dessus, à l'entreprise qui a passé l'annonce suivante.

> Deutscher Hersteller von Freizeitkleidung sucht für Frankreich Handelsvertreter, gut eingeführt bei Einkaufszentralen und Warenhäusern.

D3

Vous pouvez vous assurer maintenant que vous avez bien assimilé les éléments précédents. Vous trouverez ci-dessous les termes allemands correspondants, mais attention, ils ne sont pas dans le bon ordre.

1. Suite à votre annonce dans "Les Echos" du ... je pose ma candidature à ...

....

....

2. Votre annonce m'intéresse vivement.

....

Depuis dix ans, je suis à la tête d'un réseau de distribution en France.

....

....

2. Je suis très bien introduit auprès des centrales d'achat et des grossistes.

5. Je parle couramment l'allemand.

6. J'aimerais effectuer un stage en R.F.A.

7. J'ai cinq ans d'expérience dans la vente.

8. Je suis ancien élève de l'Ecole Supérieure ...

9. Veuillez nous retourner le questionnaire ci-joint.

10. Ces produits sont commercialisés avec succès en R.F.A.

11. La Société allemande se charge de la publicité.

12. Nous désirons compléter notre gamme de produits.

13. Pour nous, la qualité du service après-vente est extrêmement importante.

14. Nous vous confions la distribution exclusive de nos produits.

15. Je suis actuellement des cours à l'Institut Goethe.

16. La rémunération brute sera de DM ...

17. un curriculum vitæ détaillé

....

18. travailler pendant les vacances universitaires

....

19. Nous cherchons un distributeur exclusif pour la France.

....

20. Nous envisageons une rémunération à la commission.

....

21. Nous sommes disposés à vous engager comme stagiaire.

....

a) Die Brutto-Vergütung beträgt DM ...
b) Wir sehen eine Vergütung auf Provisionsbasis vor.
c) Ich möchte ein Praktikum in der Bundesrepublik ableisten.
d) Die deutsche Firma übernimmt die Werbung.
e) Ihre Anzeige interessiert mich sehr.
f) während der Semesterferien arbeiten (als Werkstudent arbeiten)
g) Wir übertragen Ihnen die Alleinvertretung unserer Erzeugnisse.
h) Ich beziehe mich auf Ihre Anzeige in „Les Echos" vom ... und bewerbe mich als ...
i) Die Qualität des Kundendienstes ist für uns äußerst wichtig. (Wir legen großen Wert auf einen ausgezeichneten Kundendienst.)
j) Wir möchten unser Sortiment (unsere Produktpalette) erweitern.
k) Ich bin bei Einkaufszentralen und Großhändlern gut eingeführt.
l) Wir bitten Sie um Rücksendung des beiliegenden Fragebogens.
m) Wir sind bereit, Sie als Praktikanten (Werkstudenten) zu beschäftigen.
n) Seit zehn Jahren leite ich ein Vertriebsnetz in Frankreich.
o) Ich habe die ... Hochschule absolviert.
p) Diese Produkte finden in der Bundesrepublik guten Absatz.
q) ein ausführlicher Lebenslauf
r) Wir suchen einen Alleinimporteur für Frankreich.
s) Ich spreche fließend Deutsch.
t) Ich habe fünf Jahre Erfahrung im Verkauf.
u) Zur Zeit besuche ich Kurse am Goethe-Institut.

E

Dans cet exercice apparaissent non seulement des termes dévéloppés dans les lettres précédentes mais aussi d'autres expressions souvent utilisées dans la correspondance commerciale. Choisissez le terme exact.

1. Ich bewerbe mich in Ihrer/auf Ihre/auf Ihrer Anzeige in der "Welt"/in "Der Welt"/in der Zeitung "Welt".
2. Wir verfügen über mehrere Zulieferunglager/Belieferungslager/ Auslieferungslager.
3. Während des Praktikas/des Praktikums/der Praktikas sind Sie in der gesetzlichen Krankenversicherung/ Krankheitsversicherung/ Krankheitversicherung versichert.
4. Wir möchten die Dienste eines Fachmanns in Anspruch nehmen/in Anruf nehmen/in Anspruch übernehmen.
5. Ich studiere in/auf/an einer Pariser Universität.
6. Ich beherrsche die deutsche Sprache im Wort und in der Schrift/in Wort und Schrift/wörtlich und schriftlich.
7. Wie Sie von/ab/aus meinen Zeugnissen ersehen, ...
8. Ich habe die Prüfung der deutsch-französischen Handelskammer abgeschlossen/bestanden/verrichtet.
9. Die Ableistung/Leistung/Beschäftigung des Praktikums erfolgt unentgeltlich/ unentgeldlich/unvergolten.
10. Die anfallende/anfällige/pflichtige Provision wird vierteljährlich/vierteljährig/ dreimonatig gezahlt.
11. Wir suchen weitere Vertreter zum nächstmöglichsten/nächstgehenden/ nächstmöglichen Termin.
12. Ich spreche flüssig/fließend/gängig Deutsch.
13. Nach Abschluß/Abschließung/Schluß meines Studiums möchte ich einige Monate in der Schweiz arbeiten.
14. Wir sind in der Lage, sämtliche Geschäfte dieser Art abzuwickeln/zu verwickeln/zu unternehmen.
15. Wir haben bisher immer mit/über/auf Provisionsbasis gearbeitet.
16. Wir sind gerne bereit, die Vertretung Ihrer Produkte überzutragen/zu übernehmen/überzunehmen.
17. Die Nachfrage auf/zu/nach Geschenkartikel(n) war im letzten Jahr leicht rückgehend/rückläufig/rücklaufend.
18. Zwei Drittel der Aufwände/Aufwendungen/Einwände für Werbemaßnahmen werden von uns übernommen.
19. Für eine fachkenntliche/fachkundige/fachkundliche Beratung stehen/stellen/sind wir gerne zur Verfügung.
20. Wir möchten uns zunächst einen Überblick über die Marktlage verschaffen/ anschaffen/erwerben.

21. Wie wir von Ihrer/Ihrer/in Ihrer Anzeige entnehmen, ...

22. Wir laden Sie zu einer persönlichen Unterhaltung/Unterhandlung/Unterredung ein.

23. Viele dieser Unternehmen zählen bereits zu/unter/bei unseren regelmäßigen Abnehmern.

24. Der Markt in Frankreich scheint durchaus erhöhbar/steigerbar/ausbaufähig zu sein.

25. Wir bitten Sie auch um Übersendung eines Photobildes/Fotobildes/Lichtbildes.

26. Wir bedauern sehr, Ihnen einen abschlägigen/abweisenden/zurückweisenden Bescheid geben zu müssen.

27. Voraussetzung für eine Stelle als Praktikant ist der Ausweis/Nachweis/Hinweis von ausreichenden deutschen Sprachkenntnissen.

28. Wir sind mit den Marktverhältnissen/dem Marktverhältnis/den Marktbeziehungen in der Bundesrepublik gut bekannt/vertraut/erfahren.

29. Abweichungen/Änderungen/Veränderungen von den Zahlungsbedingungen bedürfen unsere/unserer/die schriftliche(n) Zustimmung.

30. Die Umsatzentwicklung ist leider nicht zu unserer Zufriedenheit aufgefallen/ausgefallen/angefallen.

F1

Cette lettre ne comporte ni majuscules, ni ponctuation, ni paragraphes. Présentez-la correctement.

sehr geehrte damen und herren ich nehme bezug auf ihre anzeige in der frankfurter rundschau vom 04 + 05 februar 19.. und bewerbe mich um die darin ausgeschriebene stelle als reisebegleiter für deutsche touristen in frankreich zur zeit studiere ich deutsch an der universität paris IV im 5 semester beherrsche also die deutsche sprache in wort und schrift außerdem besuche ich kurse in kunstgeschichte und archäologie an der école du louvre so daß ich ohne weiteres führungen zu den wichtigsten sehenswürdigkeiten übernehmen könnte ich habe auch vor zwei jahren schon einmal als animateur auf einem campingplatz in der nähe von nizza gearbeitet und besitze dadurch eine gewisse erfahrung im umgang mit ausländischen touristen ich würde mich freuen wenn sie meine bewerbung berücksichtigen könnten mit freundlichen grüßen

F2

Cette lettre ne comporte ni majuscules, ni ponctuation, ni paragraphes. Présentez-la correctement.

(réponse à la lettre précédente)

sehr geehrter herr vidal wir haben ihren brief vom 08 02 mit großem interesse gelesen und ihre bewerbung in die engere auswahl gezogen ihre ausbildung und ihre erfahrung scheinen den anforderungen die wir an unsere reisebegleiter stellen zu entsprechen unser organisationsleiter herr friedrichs wird sich vom 13 bis 16 03 in paris im hotel lafayette aufhalten und würde sie bei dieser gelegenheit gerne zu einem gespräch empfangen bitte vereinbaren sie während dieses zeitraums mit herrn friedrichs einen termin mit freundlichen grüßen

F3

Présentez cette lettre correctement.

ihreranzeigeinlemondeentnehmeichdaßsieeinenalleinvertreterfürihreerzeugnissei
nfrankreichsucheichglaubedaßichdemgesuchtenprofilentspecheseitvielenjahre
nvertreibeichartikelmehrererausländischerfirmenundbindementsprechendbeiallen
einschlägigengrossistenguteingeführtihrezeichenbretterwäreneineausgezeichnet
eergänzungmeinesbisherigensortimentsundaufgrundvonzahlreichennachfragena
usmeinemkundenkreiskannichdavonausgehendaßfürihrefabrikateguteabsatzcha
ncenbesteheninderanlagesendeichihnenprospektedervonmirbereitsvertretenenfir
menandiesefirmendürfensiesichauchgernezwecksseinholungvonreferenzenwende
nsolltensieinteresseanmeinemangebothabensobitteichsieumnähereangabenwiesi
esichunserezukünftigezusammenarbeitvorstellenmitfreundlichengrüßen

F4

Dans cette lettre se sont glissées 6 fautes (mots manquants, mots de trop, mots inappropriés). Corrigez-les.

(réponse à la lettre précédente)

Sehr geehrter Herr Prouvost,

wir bitten Sie um Entschuldigung, daß wir erst heute auf Ihre interessante Werbung antworten können.

Mit den von Ihnen genannten Herstellerfirmen haben wir uns inzwischen in Verbindung gesetzt und dabei gelernt, daß diese durch Ihre Untätigkeit beträchtliche hohe Umsatzsteigerungen erzielen konnten.

Sie scheinen uns also die erforderlichen Voraussetzungen erfüllen, so daß wir Sie gerne zu einem persönlichen Gespräch nach Hamburg einladen würden, bei dem dann alles Weitere erörtert werden könnte. Wir schlagen Ihnen hierfür die erste Februar-Woche und bitten Sie um eine telefonische Terminvereinbarung mit dem Leiter unserer Vertriebsabteilung, Herrn Dr. Weber.

Mit freundlichen Grüßen

F5

Dans le texte, les phrases figurent dans le désordre. Reconstituez la lettre.

Wie Sie sicherlich wissen, hat die allgemeine Wirtschaftslage zu einem Rückgang der Nachfrage bei hochwertigen Dekorationsstoffen geführt.

Mit freundlichen Grüßen

Wir lassen Ihnen zu diesem Zweck mit getrennter Post eine Musterkollektion zugehen.

Wir bedauern sehr, daß wir also zum gegenwärtigen Zeitpunkt davon absehen müssen, den Abnehmerkreis für die von Ihnen angefragten Artikel zu erweitern.

Ihrer Stellungnahme sehen wir gerne entgegen.

Sehr geehrter Herr Péreire!

Wir haben deshalb vor einigen Monaten den Schwerpunkt unserer Produktion auf gängigere Qualitäten verlagert.

Dagegen sind wir gerne bereit, mit Ihnen zu prüfen, inwieweit unsere preiswerteren Stoffe in Frankreich Absatz finden könnten.

Wir danken Ihnen für Ihr Vertretungsangebot, das wir eingehend geprüft haben.

F6

A l'aide des éléments ci-contre, composez une lettre. (Attention, les majuscules de début de phrase ont été supprimées.)

- hinsichtlich der Marktmöglichkeiten
- über das Vertrauen,
- wir hoffen,
- wir teilen Ihre Ansicht
- und freuen uns
- daß diese Geschäftsbeziehung
- und glauben,
- und verbleiben
- für beide Teile vorteilhaft sein wird,
- sehr geehrter Herr Brauer,
- in dem Sie uns die Vertretung
- wir danken Ihnen
- für Ihre Fotoapparate in Frankreich und Belgien anbieten,

– daß besonders der Absatz von vollautomatischen Kameras sehr stark steigerungsfähig ist.
– das Sie uns entgegenbringen.
– für Ihr Schreiben vom 05.06.19..
– mit freundlichen Grüßen

F7

Complétez la lettre en utilisant les éléments de phrases a-i.

Sehr geehrter Herr Messner,

wir senden Ihnen anbei ....

.... Es wird Ihnen sicherlich nicht entgangen sein, ...

.... und auch ....

.... Da aus vergleichbaren Gebieten

.... , können wir

uns nicht recht erklären, ...

....

Wie Sie wissen, ... ,

.... , müssen Sie aber

in diesem Fall bitten, ...

.... Wir sehen ....

.... und verbleiben

mit freundlichen Grüßen

a) im gleichen Zeitraum das Dreifache an Aufträgen einging
b) verkaufsfördernde Maßnahmen weitestgehend zu unterstützen
c) daß der Umsatz seit den Sommermonaten ständig zurückgeht
d) worauf diese rückläufige Entwicklung zurückzuführen ist
e) uns detaillierte Informationen zukommen zu lassen
f) die Provisionsabrechnungen für den Monat Januar
g) Ihrer Stellungnahme entgegen
h) sind wir jederzeit bereit
i) das Weihnachtsgeschäft nicht den erwarteten Erfolg gebracht hat

F8

Avec les phrases ci-contre, reconstituez deux lettres.

Da wir mit diesem Vertriebsweg gute Erfahrungen gemacht haben, möchten wir in der Bundesrepublik ebenfalls mit einem Alleinimporteur zusammenarbeiten.

Sehr geehrter Herr Tessier,

Mit freundlichen Grüßen

Ebenso interessiert uns, inwieweit Sie für Ihre Anlagen die Schulung unseres Fachpersonals übernehmen können und welchen finanziellen Umfang das einzurichtende Ersatzteillager haben würde.

Wir exportieren bisher hauptsächlich in die südeuropäischen Länder und sind durchaus daran interessiert, weitere Märkte zu erschließen.

Sehr geehrte Damen und Herren!

Wir werden Ihr Angebot eingehend prüfen und bitten Sie zunächst um nähere Informationen über Ihre Produktion.

haben Sie besten Dank für Ihr Schreiben vom 17.10.19..

Wir sehen Ihrer Stellungnahme entgegen und verbleiben

Wir sind ein junges, dynamisches Unternehmen mit einem Umsatz von 250 Mio. F und sind seit über zehn Jahren in dieser Branche tätig.

mit freundlichen Grüßen

In diesen Ländern vertreiben wir unsere Anlagen generell über Alleinimporteure, die auch die Montage und den Kundendienst übernehmen und daher ein umfangreiches Ersatzteillager unterhalten.

Vom Centre Français du Commerce Extérieur erfahren wir, daß Sie einen französischen Hersteller von Klimaanlagen suchen.

Falls Sie an einer solchen Tätigkeit interessiert sein sollten, bitten wir Sie um kurze Mitteilung.

G1

Pour les lettres suivantes, notez le / les points les plus importants dans la marge, en français. Rédigez ensuite, en allemand, la réponse à chaque lettre en respectant les indications manuscrites figurant en bas des lettres.

Albert Henning
Wuppertaler Str. 12, 40219 Düsseldorf

Éts. François Auber
16, rue Delessert
F-69007 Lyon

Düsseldorf, den
11.03.19..

Ihre Anzeige im "Handelsblatt" vom 08.03.19..

Sehr geehrte Damen und Herren,

Sie suchen einen fachkundigen und erfahrenen Vertreter für Ihre Erzeugnisse.

Ich biete die von Ihnen gewünschten Beziehungen zur Kundschaft sowie eine langjährige Kenntnis der Textilbranche und kann eine bisher äußerst erfolgreiche Tätigkeit für andere Firmen nachweisen.

Da ich noch über freie Kapazitäten verfüge, könnte ich diese Pluspunkte einsetzen, um auch Ihre Erzeugnisse in der Bundesrepublik zu vertreiben.

In Ihrer Anzeige erwähnen Sie, daß diese Tätigkeit mit einer angemessenen Provision vergütet werden soll. Ich arbeite bisher für alle anderen Firmen auf der Basis: Fixum + Provision und bitte Sie daher, mir mitzuteilen, ob Sie eventuell bereit wären, mit mir eine ähnliche Vergütungsregelung zu treffen.

Ich übersende Ihnen in der Anlage nähere Informationen über meine bisherige Verkaufstätigkeit und würde mich freuen, bald von Ihnen zu hören.

Mit freundlichen Grüßen

sommes intéressés
rémunération à la commission
uniquement (13%)

ERNST SPIELMANN OHG

EBERSBACHER LANDSTR. 110, 70327 STUTTGART

Pierre Barrault S.A.R.L.
34, rue Pierre Curie
F-33000 Bordeaux

Stuttgart, den
16.10.19..

Ihre Anzeige in der "Welt" vom 12.10.19..

Sehr geehrte Damen und Herren,

wir haben Ihre Anzeige mit Interesse gelesen und bewerben uns um die Vertretung Ihrer Fotokopiermaschinen für den Raum Baden-Württemberg und Bayern.

Wir sind auf dem hiesigen Markt seit über 12 Jahren tätig und verfügen über beste Kontakte zu unseren Kunden, so daß wir sicher sind, auch Ihre Geräte in großer Zahl absetzen zu können.

Über Umfang und Erfolg unserer bisherigen Tätigkeit geben Ihnen die beigefügten Unterlagen Aufschluß.

In der Hoffnung auf eine künftige Zusammenarbeit verbleiben wir

mit freundlichen Grüßen

pourrais les rencontrer
à Stuttgart
le 3 ou 4 novembre

G3

WK WALTER KIRCHHEIM
THEODOR-HEUSS-ALLEE 4, 37075 GÖTTINGEN

Bernard Farré S.A.R.L.
z. Hd. Herrn Roger Farré
24, chemin de la Forestière
F-63100 Clermont-Ferrand

Göttingen, den
22.11.19..

Sehr geehrter Herr Farré,

aus gesundheitlichen Gründen muß ich mich leider allmählich aus meiner beruflichen Tätigkeit zurückziehen. Dies hat zur Folge, daß ich den Vertretungsvertrag, der uns seit langen Jahren verbindet, zum 31. Dezember nächsten Jahres kündigen muß.

Eigentlich würde ich unser Vertragsverhältnis gerne schon früher lösen, und ich schlage Ihnen vor, daß mein Neffe, Herr Rainer Welters, der mich seit einigen Jahren bei meiner Arbeit unterstützt und daher bei den Kunden bestens eingeführt ist, diese Vertretung so bald wie möglich übernimmt.

Auf diese Weise wäre am ehesten gewährleistet, daß Umsatzverluste vermieden werden, und ich füge hinzu, daß die beiden anderen Firmen, für die ich hier tätig bin, bereits auf diesen Vorschlag eingegangen sind.

Es würde mich freuen, wenn auch Sie dieser Lösung zustimmen könnten.

Mit freundlichen Grüßen

d'accord, à partir
du 1/3/19..

COMPUTECH GMBH

WALDALLEE 1, 99097 ERFURT

Bromberger & Cie
2, rue des Blancs-Manteaux
F-75004 Paris

Erfurt, den 30.11.19..

Ihr Programm ACE

Sehr geehrte Damen und Herren,

bei meinem letzten Frankreich-Aufenthalt stieß ich auf Ihr Programm ACE, das mir wegen seiner Praxisnähe und Flexibilität gefällt.

Da ich glaube, daß ein derartiges Programm sich auch in der Bundesrepublik und in Österreich gut verkaufen ließe, erscheint es mir sinnvoll, ACE für den deutschsprachigen Raum zu adaptieren.

Ich bitte Sie um Mitteilung, ob Sie damit einverstanden sind, daß unsere Firma diese Adaptierung vornimmt und anschließend den Alleinvertrieb für die Bundesrepublik und Österreich übernimmt — selbstverständlich unter Wahrung aller Ihrer Rechte.

In Erwartung Ihrer Antwort verbleibe ich
mit freundlichen Grüßen

O.K.
15% de droits sur
le chiffre d'affaires H.T.

H1

Wir bieten weltweiten Generalvertrieb für Bodenhilfsstoff auf biologischer Basis zur Regeneration von Baumbeständen. Das derzeitige Waldsterben auf einer Fläche von ca. 30 % ermöglicht kapitalkräftigen Interessenten renditeträchtige Umsatzchancen. Mindestkapital: DM 200.000,—.

ZK 5256 DIE ZEIT, Postfach 10 68 20, 20354 Hamburg

1. Les Éts. Henri Delvaux, à Strasbourg, sont intéressés par cette annonce et demandent de plus amples informations.

H2

1. Les Éts. Pierre Carpentier, à Paris, demandent à la Société Ponndorf si celle-ci est déjà représentée en Afrique du Nord et en Afrique Noire et si, éventuellement, elle serait disposée à leur céder l'exclusivité du système CODEDGE pour ces pays.

2. La Société Ponndorf répond.

H3

Achtung Hersteller!
Vertriebsgesellschaft

übernimmt Verkauf Ihrer Produkte an Endverbraucher und im Außendienst in eigenen Räumen mit Personal ab sofort.

Blusen — Röcke — Hosen — Strickmode — Kleider für die Gebiete Baden-Württemberg und Bayern

Zuschriften bitte unter TM 6439 an den Gisbert Hennessen Verlag, Postfach 40 21 76, 40475 Düsseldorf.

1. La Société Albert Faure, qui cherche un distributeur en R.F.A. pour ses pullovers (modèles hommes et femmes) est intéressée par cette annonce. Elle demande des renseignements sur les résultats obtenus jusqu'ici pour d'autres produits et sur les conditions financières envisagées par l'annonceur.

2. L'annonceur répond.

H4

Entreprise all. secteur chimie, produits innovants pr l'ind. du bâtiment et secteur annexes, recherche parten. de coopération en vue cession licence et/ou distribution en France. Contacter: SCHOMBURG, Chemiebaustoffe GmbH, Postfach 701, D-32761 DETMOLD.

1. La Société Vincent Bauer, Lyon, est intéressée par cette annonce et demande (en allemand, bien sûr!) des précisions.

2. Les Éts. Schomburg répondent.

1

Ballant S.A. 145, bd. Haussmann F-75008 Paris – Großhandlung für neuzeitliche Büromöbel – Spezialhaus für die Einrichtung von Großraumbüros	Franz Maier & Co. Poststr. 14 D-20354 Hamburg – Hersteller vor Büromöbeln

a) La Société Ballant désire résilier le contrat d'exclusivité qui la lie aux Éts. Franz Maier car la demande pour leurs articles est trop faible en France.
b) Les Éts. Franz Maier proposent à la Société Ballant de lancer une campagne publicitaire en France et se déclarent prêts à assumer les deux tiers des frais.
c) La Société Ballant répond.

2

Karl Richter GmbH & Co. KG Schillerstr. 24 D-99423 Weimar – Import und Export von Sport- und Freizeitartikeln – ist im Facheinzelhandel sehr gut eingeführt	Start-Sports 41, bd. de Strasbourg F-75010 Paris – Entwurf und Herstellung von Sportartikeln – ist spezialisiert auf Erzeugnisse für den gehobenen Bedarf

a) La Société Karl Richter demande aux Éts. Start-Sports à quelles conditions ceux-ci seraient disposés à lui confier la vente exclusive de leurs articles en R.F.A.

b) Les Éts. Start-Sports répondent.

3

Charles Martin 31, rue des Petits-Champs F-75001 Paris – Jurastudent im 3. Semester	Marina-Versand Wandsbeker Str. 3-7 D-22179 Hamburg – großes Versandhaus

a) Charles Martin désire effectuer un stage, pendant la période d'été, dans les Éts. Marina-Versand.

b) Les Éts. Marina-Versand répondent.

4

Lamotte & Cie 50, rue Saint-Fort F-69004 Lyon – Hersteller von Adressier- und Faltmaschinen	Industrie- und Handelskammer Postfach 11 14 49 D-22041 Hamburg

a) Les Éts. Lamotte cherchent un concessionnaire pour la région de Hambourg, Basse-Saxe, et Schleswig-Holstein et voudraient savoir s'ils peuvent en trouver un par l'intermédiaire de la Chambre de Commerce de Hambourg.

5

Lackfabriken Wiederhold Benrather Str. 124 D-40721 Hilden – Familienunternehmen – starke Umsatzsteigerung in den letzten Jahren	Delagrange Import-Export 18, rue de Rome F-13000 Marseille – Vertrieb hochwertiger Farben und Lacke

a) Les Éts. Wiederhold proposent à la Société Delagrange la vente de leurs produits pour l'ensemble de la France.

b) La Société Delagrange répond.